金を掛けずに知恵を出す
からくり改善
事例集 Part4

公益社団法人
日本プラントメンテナンス協会 編

日刊工業新聞社

はじめに

変化のとき──人財育成と強い現場力を実現する「からくり改善」

❀ グローバル展開の見直しと国内回帰に必要なモノとは ❀

　2020年に本格化した新型コロナウイルスの感染症拡大は、バブル経済崩壊やリーマン・ショックをはるかに上回る大きな影響をもたらし、全世界でほぼ一斉に多くの製品需要がなくなりました。日本の製造業においてもサプライチェーンが分断され、材料や部品調達が滞り、多くの企業で生産が一部停止しました。サプライチェーンが世界で同時に止まるという初の経験をした企業の中には、グローバル展開の見直しとして生産・調達が一国に集中しない対策や、重要な部品については国内回帰させるなどの動きも出ています。

　しかし、諸外国と比べて生産コストの高い日本に生産を戻すには、卓越したモノづくりを実現しなければなりませんが、そのためには"強い現場力"が不可欠です。一人ひとりのスキルと現場の知恵を高めて競争力を向上させることと、変化に対応するために新しい挑戦をすることが重要です。ここ数年、世界中で「IoT」「ICT」「AI」などの技術革新による「第4次産業革命」が注目され、導入・推進されていますが、最近ではさらにデジタルトランスフォーメーション（DX）を実践して、競争力を確立することが求められています。単に人の作業を機械に置き換えるのではなく、今まで個人に頼っていた"現場力"を「見える化」し、ノウハウを「デジタル化」することにより、他の人でもできるようにすることが重要です。つまり、DX推進のためにも"強い現場力"が必要で、その"強い現場力"を育てるのに役立つのが『からくり改善』だと考えています。

❀ 「TPM」と「からくり改善」 ❀

　当会が1971年から提唱している「TPM（Total Productive Maintenance：全員参加の生産保全）」活動では、オペレーターの方が中心となり、【自分の設備は自分で守る】を合言葉に「自主保全活動」が行われています。その活動では、日々の生産活動でやりにくい作業や困っている問題を、自らのアイデアで解決するために、日々さまざまな改善が行われています。

　1993年当時、私はTPM活動の普及やTPM優秀賞の審査事務局として、多くの企業を訪問していました。そうした企業の生産現場では、オペレーターの方によるさまざまな改善活動が行われ、素晴らしい成果を上げておられましたが、社内での評価は高いものではありませんでした。これは「もったいない」と思った私は、【現場発の改善作品】を一堂に集めれば全体のレベルアップにつながり、改善を実際に行った人と参加者が意見交換できる「作品展」となれば、もっと大きな成果になると確信して企画・準備を始めました。しかし、実際に出品をお願いするために企業を訪問すると、「なぜ、わが社のノウハウを公開しなければならないのか」「出品するメリットがない」など、作品はなかなか集まりませんでした。

　そんなある日、自動車部品メーカーの専務さんから、「ウチの社員は、自社の他工場の良い改善を真似ようとしない。くふう展に出した作品なら真似をするかもしれない。出品しましょう」と初

めて了承をいただきました。これ以降、出品企業も増え、開催の準備が本格化しました。

　また、『からくり改善』というネーミングを決定するまでにはかなり苦労をしました。初めて開催する新しいスタイルの「作品展」のためネーミングは重要と考え、出品のお願いで企業訪問をしている際にもさまざまな方のご意見をお聞きしました。「親しみやすく」「現場が主役」「誰でも取り組みやすい」「日本的であること」をポイントに決めました。このネーミングが、想像していた以上に大きな効果を生み出してくれました。

　「からくり改善くふう展」の案内を各社にお送りすると、すぐに「からくり改善とはどんな改善ですか？」とか「何かを騙す改善ですか？」など、非常に多くのお問合せをいただきました。「騙す改善」とは面白い質問だと思いましたが、少なくとも興味を持っていただけたことがわかり、上手くいくような予感がこのとき初めてしました。

　作品募集以外にも、レイアウトの作成や電気・エアーの確認と手配など今まで経験のないことも多く、開催までにはさまざまな苦労がありましたが、1994年3月に名古屋市で「第1回からくり改善くふう展」を開催することができました。出品社数53社、作品数474作品、参加者数3,500人と当初予想を大きく上回る規模の「作品展」となりました。おかげさまで、2019年度までに名古屋市で14回、東京都と横浜市で10回の合計24回を数えました。延べの出品社数1,236社、作品数6,559作品、参加者数118,530人に達しています。

❀ 日本から海外へ　〜第1回アジアからくり改善くふう展の開催 ❀

　「わが社の海外工場にもからくり改善を導入・展開したい」という企業のご要望により、2019年2月14〜15日に「第1回アジアからくり改善くふう展」をタイ・バンコクで開催しました。初の海外開催でしたが、日系企業27社より87作品を出品いただき、2日間の延べ参加者は3,323人を数えました。くふう展の初日には、後援いただいた在タイ日本国大使館、タイ工業省、バンコク日本人商工会議所、出品企業の代表者と当会の土屋会長によるテープカットを行いました。会場内は日本と同様に、作品説明者と参加者による熱心な意見交換が行われていました。中には、座り込んで作品をスケッチする人もいたほどです。その方に聞くと、「私は会社から選ばれてここに来ました。ここで学んだことを今後、社内で教えます」と目を輝かせて話をしてくれました。

　終了後に出品企業にアンケートを実施しましたが、「続けて出品したい。毎年開催してほしい」「今まであまり他社の改善を見る機会がなかったので大変うれしい」という前向きな回答を多くいただきました。そこで、翌2020年2月6〜7日に前回と同じタイ・バンコクで「第2回アジアからくり改善くふう展」を開催しました。残念ながら景気の減速もあり参加者は減少しましたが、作品は前回より多い30社から118作品を出品いただき、大変な盛り上がりとなりました。作品のレベルは前回より上がり、参加者の意識もさらに高まっていました。「日本の製造業も頑張らないと抜かれてしまう」と本気で思ったほどです。

❀ 「からくり改善」の原点は「楽に作業できること」 ❀

　『からくり改善』の多くは、日本古来の「からくり人形」に見られるような原理（メカニズム）である「てこ」「カム」「クランク」「ギヤ」「リンク装置」「ゼネバストップ」などを利用した、手づくりでお金をかけない改善です。導入・推進すれば、品質向上や生産性向上、故障低減、チョコ停低減、保全性・安全性向上、段取り替え・調整時間の短縮、刃具交換時間の短縮、部品供給や運搬・搬送効率の向上、原単位の効率向上、騒音低減、省エネルギーなどに大きな成果が得られ、オペレーターの方も【楽に・早く・楽しく】仕事ができるようになります。

　与えられた設備は、複雑でブラックボックス化している場合が多く、故障してもすぐに直すことはできませんが、自分たちでつくった『からくり改善』は自分たちで直せます。直せるから、進化させることができるのです。さらに、「生まれの良い設備づくり」「LCA（ロー・コスト・オートメーション）」、すなわち設備の低コスト化にも大きく寄与できます。

　『からくり改善』は、知恵と工夫が主役の活動ですから、あらゆる現場で手軽に導入・実施できます。ここ数年で、『からくり改善』は確実に多様化しています。今後も「進化」と「深化」をさせなければなりませんが、そのためには活動を継続することと、時代に合った『からくり改善』を実施することが大切です。たとえば、女性や高齢者でも【楽に安全に】作業が行えるようにするための改善や、現在の製造現場では不可欠な存在となったIoTやICT、DXと『からくり改善』を融合させることで、新たな改善事例が誕生すると思います。

　また、「からくり改善くふう展」は、良い交流の場であると同時に競争の場にもなっています。今後は、製造業以外の医療・農業・サービス業などのみなさんにも参加をしていただき、あらゆる産業に『からくり改善』が普及し、知恵と工夫で生産性を高め、働きやすい環境になることを期待しています。

　『からくり改善』の原点は、「効率化」ではなく「楽」に作業ができることです。「やりにくい」作業を改善したり、自身が日常作業の中で困っている問題を自らのアイデアで解決したりすることから始まるのです。まず、他の人の作品を見て【真似る】ことから始めてください。

　最後になりますが、2009年に初めて「からくり改善事例集」を日刊工業新聞社から出版しました。その後、2014年にPart2、2017年にはPart3、そして今回、Part4を出版することができました。毎回の出版に際して、大変貴重な事例をご提供いただきました『からくり改善』の先進企業様に改めて深く感謝を申し上げます。

2020年10月

公益社団法人 日本プラントメンテナンス協会

専務理事　鈴置　智

※「からくり改善」は、公益社団法人 日本プラントメンテナンス協会の登録商標です

金を掛けずに知恵を出す からくり改善事例集 Part4　　　目　次

01 | 紙くずの回収が楽にできる
シュレッダー扉の改善

作品名：シュレッダー楽（ラク）ッダー

からくり
リンク機構を使い、扉を開くとごみ箱が手前に出てくる。

使った材料
鉄板、アングル、スライダー、ローラー

制作者
㈱三五
生産準備支援課　牧内友紀

制作費用
1万50円（部品代：端材利用）

改善の概要&問題点
　シュレッダーの紙くずが満杯になると、ボックスの袋が膨らみ取り出しにくい。6.5kgの袋を高さ50cmまで持ち上げるため、女性スタッフは交換に苦労している。

改善前
扉を開け、内部で袋を縛った上で、ボックスから引き上げて排出していた。

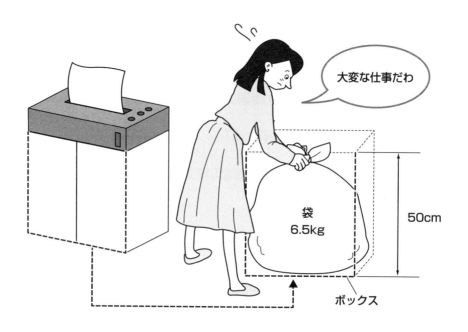

改善後

シュレッダーの扉を開くと同時に、ボックス（袋）が連動して手前に出てくるからくりを製作した。

改善のメカニズム

ボックスの台座部分にスライダーを設け、扉を開ける動作と連動して飛び出す仕組みとした。

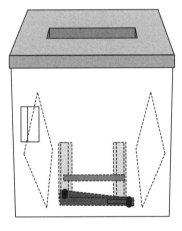

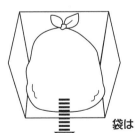

袋は、持ち上げず手前に引っ張れば取り出せる！

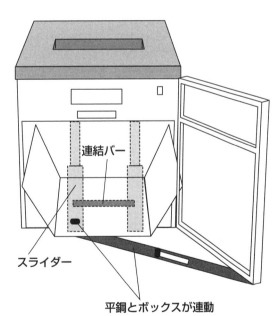

連結バー

スライダー

平鋼とボックスが連動

苦労したこと

スライダーと平鋼を連結して引き出せる距離が不足し、ボックスが半分しか出てこなかったが、平鋼に長穴をつけて解消した。

改善の効果

楽にできるようになった。交換作業時間が短縮し、5分/月低減した。

生産性向上・作業改善（作業改善）

生産性向上・作業改善（輸送）

生産性向上・作業改善（治具）

工具改善

自社開発機器

安全改善

省エネ・環境改善

目で見る管理

02 フットペダルを踏み込むと ラベルがめくれる

作品名：ストンプラベラー

からくり

フットペダルを踏むことでラベルが送り出され、台紙からラベルがめくれる。

使った材料

SUS GFシリーズ（アルミフレーム・コネクター・ウエイト）、樹脂製ローラー

制作者

㈱村田製作所 野洲事業所
電極材料製造部

制作費用

5万円

改善の概要&問題点

　ポット（製品）にラベルを貼りつける作業をする際、台紙から1枚ずつ手でめくって貼付作業をしていた。台紙からめくったラベルを製品（ポット）に貼りつける際には、残りのラベルを仮置きしており、都度複数のハンドリング作業が発生していた。

改善前

　ポットにラベルを貼るために、台紙からラベルをめくっていた。1回につき20枚で、それが1日に15回ということで300枚めくる作業がわずらわしかった。

20枚/回×15回/日＝300枚/日

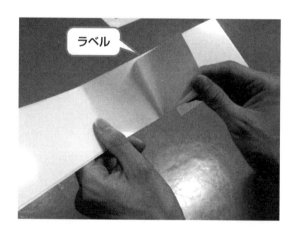

ラベル

生産性向上・作業改善（作業改善）

生産性向上・作業改善（搬送）

生産性向上・作業改善（省力）

工具改善

自社開発機器

安全改善

省エネ・環境改善

目で見る管理

改善後

　フットペダルを踏み込み、ローラーを回転させてラベルを送り出し、送り出す角度を鋭角にすることで台紙からラベルがめくれるからくりを考案した。

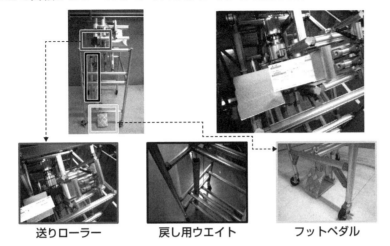

送りローラー　　　　戻し用ウエイト　　　　フットペダル

改善のメカニズム

　フットペダルから足を離すと、ウエイトを利用してクラッチ機構で原点復帰する。ローラーの巻き取り部に2段プーリーを利用することで、踏み込み量に対して2倍の送り出し量を確保している。

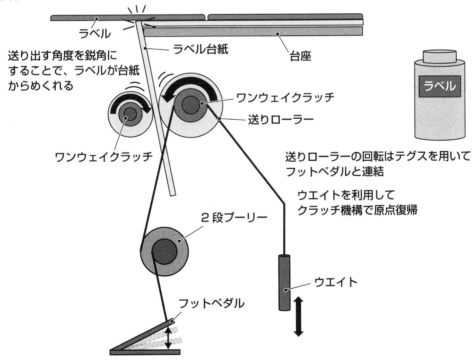

ラベル

ラベル台紙

台座

送り出す角度を鋭角にすることで、ラベルが台紙からめくれる

ワンウェイクラッチ

ワンウェイクラッチ

送りローラー

ラベル

送りローラーの回転はテグスを用いてフットペダルと連結

ウエイトを利用してクラッチ機構で原点復帰

2段プーリー

ウエイト

フットペダル

苦労したこと

ラベルがめくれる角度調整と、ラベル送り出し量の調整に手間どった。

改善の効果

ラベルめくり作業をフットペダル式にすることで、300枚／日のハンドリングレス化に成功した。

03 スナップリングの自動切り出し

作品名：こっちが動くんです

からくり
部品を取り出す力を利用してスナップリングを切り出す。

使った材料
一般鋼材

制作者
ジヤトコ㈱
長橋一平太

制作費用
5000円

改善の概要&問題点

　容器内からスナップリングを取り出す作業では、整列している状態でも次第にバラバラになり、取り出しにくくなる。そこで作業しやすいように、1枚を取り出す際に次の1枚が半分切り出されるような装置を、動力を使用しない方法で実現したかった。

改善前

　ステンレス製の専用容器で投入していたため、初めは整列していても、次第にスナップリングが重なって取り出しにくかった。

絡まる〜
取り出しにくい〜

生産性向上・作業改善（作業改善）

生産性向上・作業改善（搬送）

生産性向上・作業改善（治具）

工具改善

自社開発機器

安全改善

省エネ・環境改善

目で見る管理

改善後

　手前に引き出してとれるブランコ構造のスナップリング切り出し装置を考案した。
アンチバック式のストッパー機能により、確実に1枚だけ切り出すことができる。

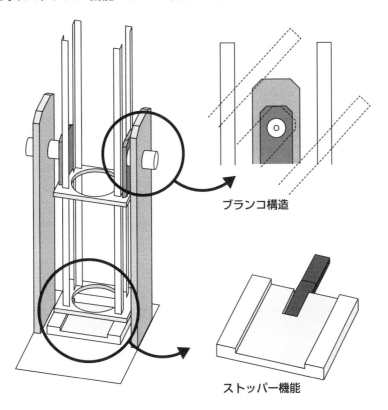

ブランコ構造

ストッパー機能

改善のメカニズム

　スナップリングをとるときは台ごと引っ張る。ストッパー部まで引っ張るとスナップリング
だけとれる状態になり、確実に1枚だけとれる。そして、戻るときにアンチバックにスナップ
リングが引っかかり、戻り状態になると1枚切り出される。

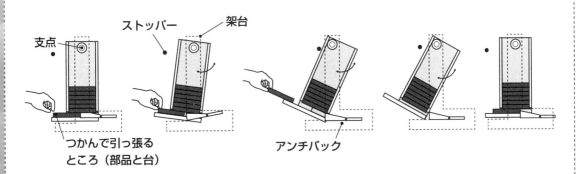

支点　　ストッパー　　架台

つかんで引っ張る
ところ（部品と台）　　　　アンチバック

苦労したこと

ブランコ構造の支点の位置によって回転径が
変わり、その反動と押し出す力の調整に苦労
した。

改善の効果

・取り出し作業の軽減、落下品の減少

04 | ねじ7個を片手でワンタッチ 定量取り出し

作品名：ネジ片手でとれるぞ！

からくり
傾斜とてこを使って簡単・確実に7個取り出せる。

使った材料
ねじ自動供給機、カーテンレール（ねじの整列）

制作者
豊田合成（佛山）汽車部品有限公司
制造部組付課　季 秋香

制作費用
200元

改善の概要&問題点
　製品の組付作業でねじを7個使用するが、欠品防止のため毎回7個を数えて左手に持ち、1カ所ずつねじ締め加工をしている。毎回7個数えるのは、時間がかかるし面倒。簡単に精度良く7個を取り出したい。

改善前
ねじ箱から左手でとりにいくが、7個を毎回とれないし、目視で確認して員数している。

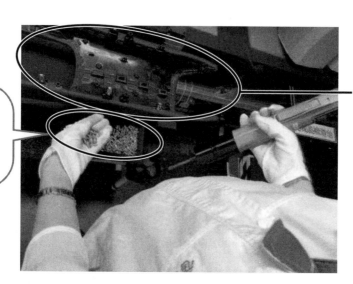

左手で
ねじを
7個とる

ねじを
組み付ける
製品

改善後

ねじの定量取り出し治具を製作した。

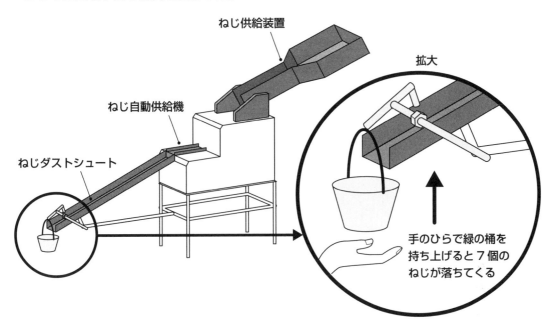

ねじ供給装置

ねじ自動供給機

ねじダストシュート

拡大

手のひらで緑の桶を
持ち上げると7個の
ねじが落ちてくる

改善のメカニズム

傾斜とてこを利用した。かごを持ち上げるとてこの作用で、作業点がねじの8個目
手前に入る。手前の7個分は傾斜を利用して、手のひらに滑り落ちていく。

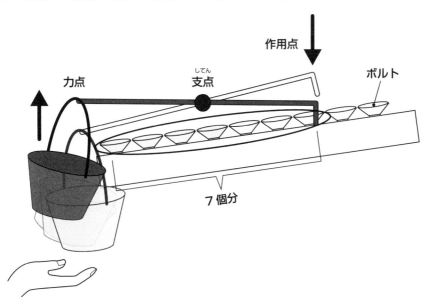

作用点

力点

支点
してん

ボルト

7個分

苦労したこと

傾斜の角度をどれだけにすればよいか悩んだ。
また8個手前を止める、てこのバランスにも
手間どった。

改善の効果

・内製のため費用削減
・7個取り出し時間の短縮（8秒→1秒）

生産性向上・作業改善（作業改善）

生産性向上・作業改善（搬送）

生産性向上・作業改善（治具）

工具改善

自社開発機器

安全改善

省エネ・環境改善

目で見る管理

05 低コスト・省スペースでの クリップ自動整列機

作品名：SサイズフィーダーPART Ⅱ

からくり

モーターの正転と逆転を利用してクリップを
かき混ぜ、直立させる。

使った材料

カーテンレール、結束バンド

制作者

豊田合成㈱
IE製造部製造技術第1課　佐橋弘満

制作費用

3万500円

改善の概要＆問題点

　部品供給者がクリップをレールに入れたものを供給しなければならないが、1個ずつ入れていて
も時間がかかるし、パーツフィーダーだと高価でうるさいし困った。神社でおみくじを引いたとき
のガラガラ回しをやってみて、これが流用できたらいいなあと思った。

改善前

　人手をかけるような仕事ではないし、かと言って大げさな専用機でやるほどでもない。
困ったもんだ。

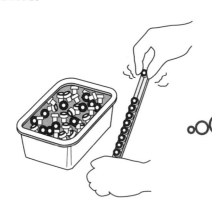

クリップをレールに
入れにくいなぁ。
これって部品供給者の仕事か？

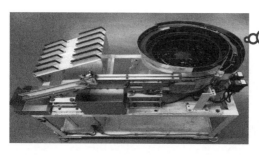

パーツフィーダーでやると
うるさいし、段取り替えも
大変だわ！

生産性向上・作業改善（作業改善）

生産性向上・作業改善（搬送）

生産性向上・作業改善（省力）

工具改善

自社開発機器

安全改善

省エネ・環境改善

目で見る管理

改善後

正転・逆転方式の4列自動クリップ挿入機を製作した。回転軸に撹拌羽根を取り付け、モーターで正転・逆転を繰り返す。これにより、直立したクリップだけを取り出す。

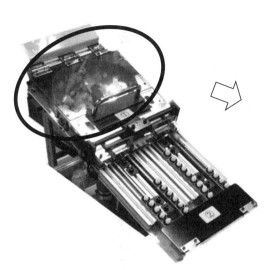

円筒形の容器

撹拌羽根

溝

クリップ

溝

溝

改善のメカニズム

回転軸に取り付けた結束バンドが左右に回転し、うまくはまらないクリップは弾き飛ばして、直立したものだけがレールにはまっていく。

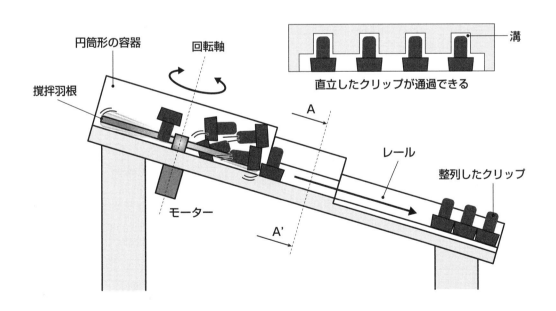

溝

直立したクリップが通過できる

円筒形の容器　　回転軸

撹拌羽根

A

レール

整列したクリップ

モーター

A'

苦労したこと

うまくレールに入らないクリップを、どう弾くかで苦労した。結束バンドは樹脂製でやわらかく、部品も傷つけず好都合だった。

改善の効果

・組付準備工数の削減　2時間/日
・少投資による低コスト化　50万円→3.5万円
・省スペース化　1m² (パーツフィーダー) →0.2m²
・騒音減少

06 同じ向きで簡単に部品が取り出せる自動送り装置

作品名：みぎ向けぇ～みぎ!!

からくり

重量差により部品を整列させ、簡単・確実に1個取り出す。

使った材料

鉄板、丸棒、パイプ、塩ビ板

制作者

㈱三五
製造エンジニアリング部内製課　温 兴文

制作費用

1万6150円（部品材料費）

改善の概要 & 問題点

高さ1.25mの位置に置き場があって、部品が取り出しにくい。皮の手袋をはめた作業のため、1個取り出しがしにくい。また、部品形状の向きを判断することが困難だった。

改善前

部品置き場が高く、1個を確実に取り出すことが困難で、部品形状の向きを一目で見極めるのも大変という問題を抱えていた。

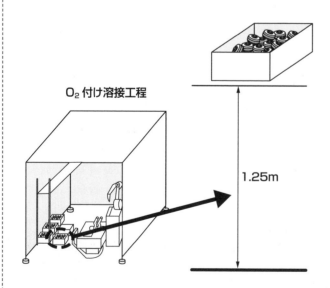

O₂付け溶接工程

1.25m

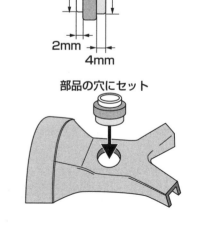

ボスの形状を一目で判断できない（非対称）

Φ24mm　Φ26mm

2mm　4mm

部品の穴にセット

改善後

取り出すときは同じ向きで、簡単・確実にナットが取り出せる自動送り装置を製作した。
部品BOXの高さを1.25m→1mへ改良した。

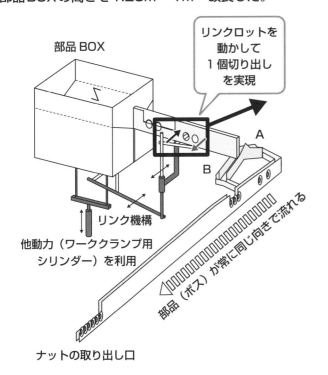

部品BOX

リンクロットを動かして1個切り出しを実現

リンク機構

他動力（ワーククランプ用シリンダー）を利用

部品（ボス）が常に同じ向きで流れる

ナットの取り出し口

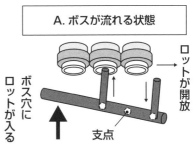

A. ボスが流れる状態

ボス穴にロットが入る

ロットが開放

支点

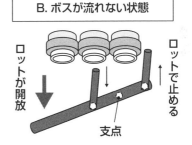

B. ボスが流れない状態

ロットが開放

ロットで止める

支点

改善のメカニズム

シリンダーの上下動をリンク機構により左右の動きに変え、てこの応用で1個切り出しを行う。切り出しの向きにかかわらず、ボスが重い方に倒れることを利用して整列させている。

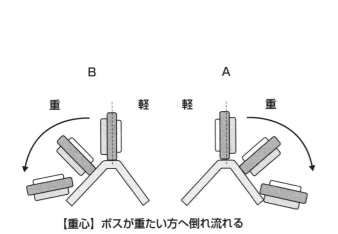

B　A

重　軽　　軽　重

【重心】ボスが重たい方へ倒れ流れる

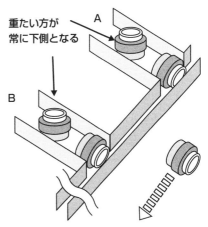

重たい方が常に下側となる

A

B

ボスが常に同じ向きで流れる

苦労したこと

ボスを押えるストローク（長さ）は、試行トライを何度も繰り返し行って決めた。

改善の効果

・部品を取り・向きを確認する時間を廃止
・手作業時間→5秒/個低減

生産性向上・作業改善（搬送）
生産性向上・作業改善（治具）
工具改善
自社開発機器
安全改善
省エネ・環境改善
目で見る管理

07 円筒カムを利用して プラグを１個ずつ供給する

作品名：夢のメリーゴーランド～プラグを乗せて～

からくり

平カムと円筒カムで、ホッパーからの少量供給とフィーダーへの１個切り出しを行う。

使った材料

ガス管、鋼材、丸ベルトなど

制作者

トヨタ自動車北海道㈱
生産保全支援室生産支援課 造機・改善Ｇ

制作費用

28万円

改善の概要＆問題点

　１台の製品に１個のプラグを取り付ける作業で、小さなプラグは取り出しにくく、部品箱から取り出すときには複数とったり落下させたりすることがあり、１個切り出しシリンダータイプを製作して使用していた。しかし、１個切り出しのため、切り出しと取り出しのタイミングずれると欠品状態になり、受け皿からも取り出しにくくなっていた。

改善前

　シリンダーの上下運動を利用した磁石による１個切り出しの装置を使っていたが、うまく切り出せないと欠品状態となる。

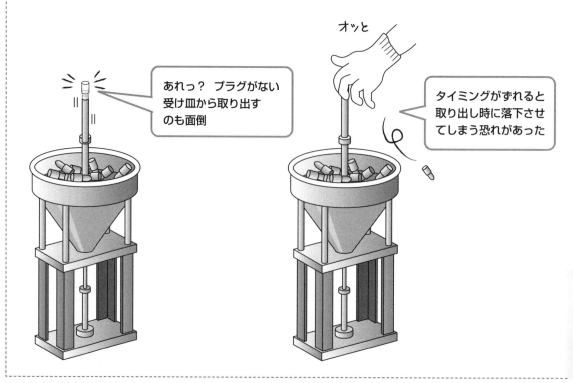

あれっ？ プラグがない
受け皿から取り出す
のも面倒

オッと

タイミングがずれると
取り出し時に落下させ
てしまう恐れがあった

改善後

ハンドルの回転で1個ずつ部品を切り出す装置を製作した。

プラグ部品箱

回転部

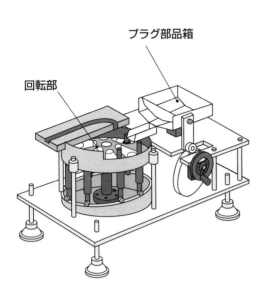

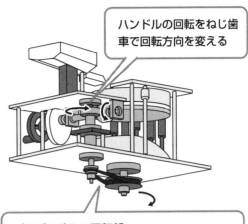

> ハンドルの回転をねじ歯車で回転方向を変える

> プラグの噛みで回転部がロックしないように、丸ベルトでスリップするように減速回転する

改善のメカニズム

ハンドルの回転から、プラグ切り出しシャフトの上げ下げやプラグ部品箱が揺動する動力を得ている。

◆回転部動作

> 切り出しシャフトがプラグをすくい上げフィーダー部に充填される

フィーダー部

切り出しシャフト ×6本

円筒カム

> 切り出しシャフトが円筒カムにならい、上下運動を繰り返す

◆プラグ部品箱部動作

> 平カムの回転でプラグ部品箱を上下に振り、少量のプラグを回転部に供給する

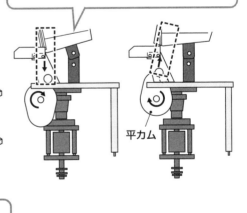

平カム

苦労したこと

プラグ供給箱からの供給量の調整と、1個の切り出しの向き（表裏）の整列に苦労した。

改善の効果

・取り出しの欠品がなくなり品質が向上
・作業者の部品補充回数が減り、作業性が向上

生産性向上・作業改善・作業改善

生産性向上・作業改善（輸送）

生産性向上・作業改善（流見）

工具改善

自社開発機器

安全改善

省エネ・環境改善

目で見る管理

08 | リンク機構を使って最短動作で 部品をとりやすく

作品名：おてもと

からくり
リンク機構により作業の手元化が実現した。

使った材料
イレクター金具

制作者
豊田合成㈱
IE製造部製造技術室工程改善課　佐藤和夫

制作費用
3000円

改善の概要&問題点
　ワークが大きいため、加工治具へのセットも開口部も広くとる必要がある。そのため、組付部品の置き場が遠くなり、手を伸ばさないとワークがとれないレイアウトになっている。

改善前
組付部品とワークが離れており、作業性が悪かった。

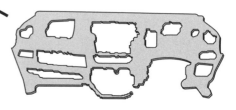

ワークが大きいため、
治具の開口部が大きい
部品は高い位置にしか
置けないレイアウトである

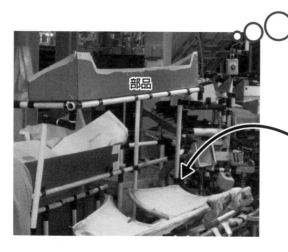

部品

改善後

リンク機構を使い、ワークをセットしたら部品が手元にくるようなからくりを考案した。

変形前

ワークと部品箱が移動して作業しやすい手元にくることにより、最短動作で部品組付ができるようになった

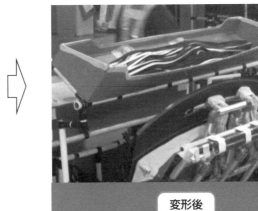

変形後

改善のメカニズム

ワークセット時は、開口部が大きくセットしやすいようにし、①のワークセット治具を持ち上げると、②リンク機構で部品箱が手元にくるようになった。

リンク図

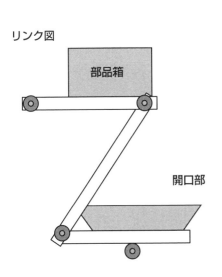

部品箱

開口部

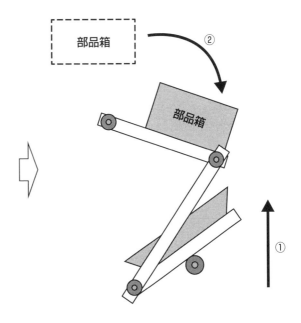

部品箱

部品箱

②

①

苦労したこと

リンクの寸法出しが簡単には行かなかった。

改善の効果

・作業性向上（手の動きの最小化）
・品質向上（手元で組付できる）

生産性向上・作業改善（作業改善）

生産性向上・作業改善（搬送）

生産性向上・作業改善（治具）

工具改善

自社開発機器

安全改善

省エネ、環境改善

目で見る管理

09 足元の製品が手元で楽にとれる

からくり

製品台を約80cmの位置まで上昇させ、ストライクゾーンでとれるようにした。

使った材料

イレクター部品、紐、滑車、スライドレール

制作者

㈱金津村田製作所
製造2課　末廣卓三

制作費用

1万円

改善の概要&問題点

　設備から排出された製品がシューターを通り、床面から20cmの製品受けにたまるが、取り出す際に毎回腰をかがめていた（120回／日）。

改善前

1日当たり120回かがむので、腰や足に負担がかかる。

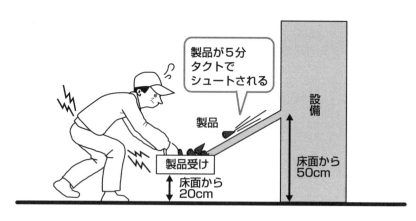

製品が5分タクトでシュートされる

製品

設備

製品受け

床面から20cm

床面から50cm

腰痛リスク評価点　20点/35点→作業負荷重レベル
（社内安全規定に基づく基準点）

生産性向上・作業改善（作業改善）

生産性向上・作業改善（搬送）

生産性向上・作業改善（治具）

工具改善

自社開発機器

安全改善

省エネ・環境改善

目で見る管理

改善後

足でバーを踏むことにより、製品受けが床面から80cmの位置まで上昇する。

床面から
80cm 上昇

設備

改善のメカニズム

「リンク機構＋スライドレール」を採用した。製品受けがスライドレールと連結されており、レールに沿って斜めに上昇する。

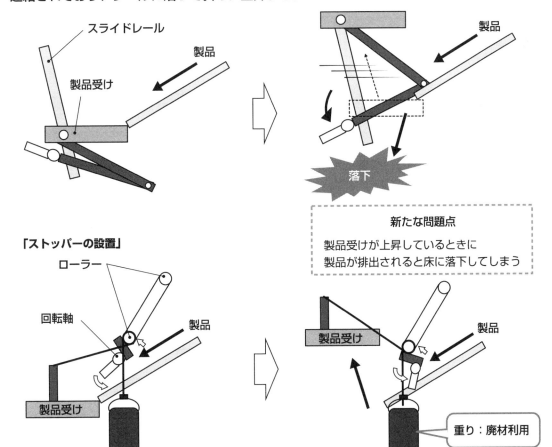

スライドレール

製品

製品受け

製品

落下

新たな問題点

製品受けが上昇しているときに
製品が排出されると床に落下してしまう

「ストッパーの設置」

ローラー

回転軸

製品

製品受け

製品受け

製品

重り：廃材利用

製品受けと連動したワイヤーで、上に引っ張られる力でローラーを動かし、回転軸を中心に
回ることでストッパーが働く。製品受けが完全に元に戻るとストッパーが解除される

苦労したこと

製品受けが完全に戻るまで、製品をストップ
させる機構がなかなか思いつかず苦労した。

改善の効果

・かがむ作業がなくなり、作業者の負荷軽減
・腰痛リスク評価点が3点/35点を達成

10 空容器供給、完成品容器排出、フタを被せるまでワンハンド化

作品名：GWシューター

ⓚⓐⓡⓐⓚⓤⓡⓘ からくり
ハンドルを上げると、リフターとシャッターが上昇し、空容器が流れてきて下降する。

使った材料
アルミフレーム、スライドコネクター、滑車、ウエイト、プラコン

制作者
マレリ㈱　児玉工場
技術チーム　前原昌樹

制作費用
6万5000円

改善の概要＆問題点
　横から空容器をスライドさせて供給し、手でフタを被せてから完成品容器を排出していた。供給から排出までの動作が多く、時間がかかる。

改善前
　空容器を横にスライドさせて供給し、フタをして排出しているが、供給から排出までの動作が多く時間ロスになっている。

改善後

　ワンハンド・ワンアクションで供給から
フタ閉め、排出までができるようになり、
作業時間の短縮ができた。

滑車重り箇所

改善のメカニズム

　以下の機構により、ワンハンドでの供給・排出が可能になった。フタを手で被せるのではな
く、完成品容器を流すと同時にフタを被せている。

◆改善内容

①リフターをハンドルで上昇させて空容器を供給

ハンドルを上げる
と、リフターが上
昇するとともに
シャッターも上昇
し、空容器が流れ
てきて下降する

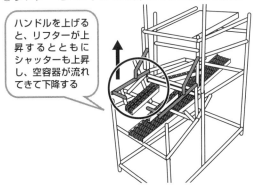

②フタを指定場所へセット

③完成品容器が流れるところまでハンドルを上昇させ、
完成品容器を排出する

ハンドルを上げ、完
成品容器が流れる位
置まで受け台を上昇
（一時停止する）

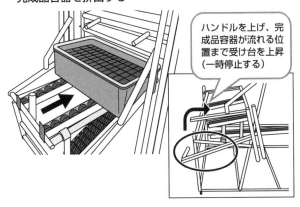

④完成品容器が排出されると同時にフタが引っ掛
かり、そのまま被さって作業終了

完成品容器が流れてくる
と同時に、フタが引っ掛
かかり閉まる（アンチバッ
クを利用してフタ浮きを
修正）

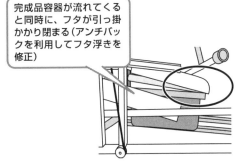

苦労したこと

作業の流れの中で、フタをどうやって閉める
か知恵を絞った。

改善の効果

・通い箱入れ替え時間が短縮
・0.1分／回×1000回／月×37.2円
　＝3700円／月

生産性向上・作業改善（作業改善）

生産性向上・作業改善（図表）

生産性向上・作業改善（方法）

工具改善

自社開発機器

安全改善

省エネ・環境改善

目で見る管理

11 アクチュエータ1つでモノの移動を可能にするハンドリングアーム

作品名：ロボがっちゃん

からくり

1WAYルートガイドでハンドアームの動きをコントロールする。

使った材料

アルミフレーム、スプリング付きヒンジ、ABS（3Dプリンター材料）ローラー

制作者

マレリ㈱　児玉工場
技術チーム　新井直樹

制作費用

8万5000円

改善の概要&問題点

　作業者がやっていた設備への製品供給～取り出し作業にロスがあった。また、他の作業と掛け持ちであるため、歩行ロスが発生していた。

改善前

　他の作業と掛け持ち作業で該当設備に移動し、製品を受け台に載せる・取り外すを行うため、1サイクルで7歩の歩行ロスが発生している。掛け持ち作業であることで、設備へのタイムリーな製品供給ができず、ロスになっていた。

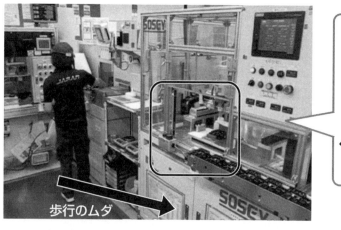
歩行のムダ

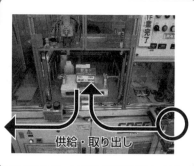
供給・取り出し

改善後

作業者の手による「載せる」「取り外す」という付加価値の低い作業を、1アーム・1アクチュエータのローコストで実現し、設備への製品載せ作業をなくした。

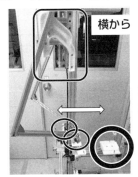

横から

アームが前後に移動し、太い丸印位置にハンド部が製品を置く

改善のメカニズム

1wayルートガイドメカニズムを考案したことにより、シリンダーの1軸の動きのみで供給アームを操作し、「載せる」「取り外す」が可能になった。

◆供給アームの説明

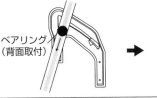

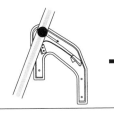
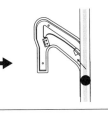

ワーク取り出し待機 / 供給コンベアへ / ワーク供給待機 / 受け台に供給

支点 / 1wayガイド / シリンダー中間 / ハンド部 / シリンダー下降 / シリンダー上昇 / シリンダー下降

ハンドが上空で待機 / ハンドが製品をキャッチ / ハンドが上空で待機 / 受け台でハンドが開放

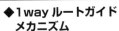
1way ルートガイド部 アームの動き
ベアリング（背面取付）

◆1way ルートガイド メカニズム

スプリング付蝶番を使用したラチェット構造

① ワーク取り出し上空待機
　→供給コンベア上ワーク到着待ち
② アームハンド下降
　→製品をハンドでキャッチ
③ 設備側受け台移動待機
　→設備側供給許可信号待ち
④ アームハンド下降
　→設備受け台にワークを供給後

苦労したこと

1WAYルートガイドの形状を確定するのが難しかった。

改善の効果

・供給から排出までの1サイクルを自動化したことで、手作業と歩行ロス削減
・改善効果 0.52分/台→0.40分/台

12 重量ワークの持ち上げ＆離す作業を ワンタッチ化

作品名：ワン・がっちゃん

からくり

複式てこの原理に、ワンタッチキャッチを取り入れたハンドリング動作を実現した。

使った材料

アルミフレーム、ヒンジ、ワンタッチキャッチ

制作者

マレリ㈱　児玉工場
技術チーム　新井直樹

制作費用

7万5000円

改善の概要＆問題点

　ワークに押さえ治具をセット→装置受け台に投入→装置のスタートスイッチを押す→ねじ締め機から取り出し→ワークから押さえ治具を取り外す、という一連の作業を作業者の手で行っていた。重量が4kgある製品で、設備受け台が350mm奥まった位置にあるため、移動で腰に負担がかかった。

改善前

　製品重量が4kgと重く、装置受け台が奥まっているため、手を伸ばしてセットしていた。装置での加工が終わると、製品を取り出して次工程へ移動する必要があった。

結構キツイ作業なんだな〜

改善後

　設備前の供給コンベアから製品をワンタッチハンドで取り出し、設備の受け台に供給する。また、設備の作業完了後に製品を受け台から取り出し、排出コンベアに排出することで完全自動化設備に進化した。

改善のメカニズム

複式てこハンドに、アクチュエータレスで可動側アームを操作できる機構を取り入れた。

生産性向上・作業改善（作業改善）

生産性向上・作業改善（搬送）

生産性向上・作業改善（治具）

工具改善

自社開発機器

安全改善

省エネ・環境改善

目で見る管理

◆一般的な複式てこハンド

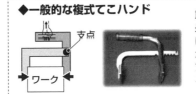

支点

ワーク

重いワークを容易に運ぶことができる長所の一方で、可動側アームを持ち上げワークをはさみ込んでから運ぶ必要がある、ワークをはずすときも可動側アームを持ち上げる必要（ロス）がある、というデメリットがあった

◆ワンタッチハンド

ワンタッチキャッチの採用で、可動側アームの操作なしにワークのキャッチ・リリースを行える構造とした

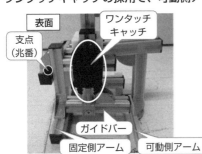

表面

ワンタッチキャッチ

支点（兆番）

ガイドバー

固定側アーム 可動側アーム

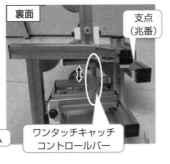

裏面

支点（兆番）

ワンタッチキャッチコントロールバー

ワンタッチキャッチとは…
軽く押すとロックしもう一度押すとスプリングの作用でリリース

◆ワンタッチハンドメカニズム

ワーク上でハンド下降

ワークにガイドバーがタッチ
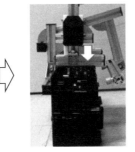

可動側アームが下降

ワークをキャッチ

★動作ポイント
【ワークキャッチ】
ワークとワンタッチハンドのガイドバーがタッチすることで、ワンタッチキャッチがリリースして可動側アームが下降後ワークをキャッチし、運搬が可能となる（→ワンモーションの動作ですぐに運搬が可能）
【ワークリリース】
ワークをリリースポイントに着座させることで、ワンタッチキャッチがロックして可動側アームが上昇維持、ワークをリリースして運搬完了となる（→ワンモーションの動作でワークをリリース可能）

苦労したこと

ワンタッチキャッチの取付位置と可動アームの位置関係に苦労した。

改善の効果

・効果時間：66.6時間／月
・効果金額：14万8700円／月

13 治具の重量を利用して台車に楽々積載

作品名：腰まげーず2号

からくり

傾斜、重力、ばねにより確実にチャックして自重で落下し、積載後に開放して原点に戻る。

使った材料

パイプ材、ローラーコンベア、ワイヤー、滑車、引張ばね、重り

制作者

㈱出雲村田製作所　イワミ工場
知恵工房

制作費用

9万円

改善の概要&問題点

　1枚約2kgの治具を運搬台車に積み重ねる作業がある。腰を曲げて繰り返し行うため、非常に大きな作業負荷となっていた。

改善前

治具を台車に約20枚積み重ねる作業があった。毎回、腰を曲げてのつらい作業であった。

結構
くるぞ

改善後

治具をローラーコンベアの上に置くだけで、台車へ積載する。

改善のメカニズム

チャック爪はストッパーにより閉じた状態で待機している。コンベアを通じて治具が挿入されると、チャック爪が治具の重量で閉じ、そのまま下降する。治具が台車に到達すると、チャック爪を閉じる力がなくなり、爪が開いて上昇する。

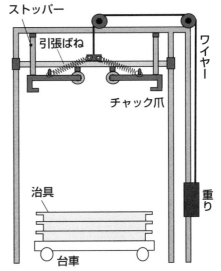

ストッパー
引張ばね
ワイヤー
チャック爪
治具
重り
台車

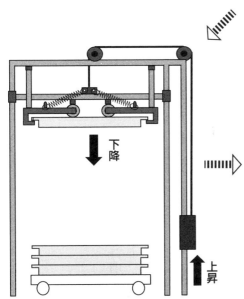

下降
上昇

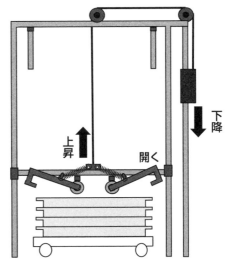

上昇
下降
開く

苦労したこと

上部ではチャック爪が完全に閉じ、下部では完全に開く引張ばねの選定と調整が大変だった。

改善の効果

一日に約200回発生していた腰曲げ作業の廃止と、大幅な作業性向上を達成した。

生産性向上・作業改善（作業改善）

生産性向上・作業改善（搬送）

生産性向上・作業改善（治具）

工具改善

自社開発機器

安全改善

省エネ・環境改善

目で見る管理

14 取り出し収納を一定の高さにする リフター収納ボックス

作品名：ショコラク

からくり

滑車を使い、組付部品の重量と重りのバランスにより昇降動作する。

使った材料

滑車、シャフト、フランジ、ワイヤー、アルミ板、鉄板

制作者

アイシン精機㈱　工機工場
技術開発G製造革新係　淵田 剛

制作費用

1万円（廃品を利用して製作）

改善の概要＆問題点

　刃具にコレットをセットする場所と、バラシをする場所がある。7種類のサイズのコレットをコンテナから1個ずつ取り出し、セット作業を行っている。ところが、3段の棚に無造作に置かれていたり、置き場面積の制限からコンテナの重ね置きが発生したりする。そのため、コレットの取り出し返却が非常に面倒である。

改善前

収納棚の問題により取り出し収納が困難だった。

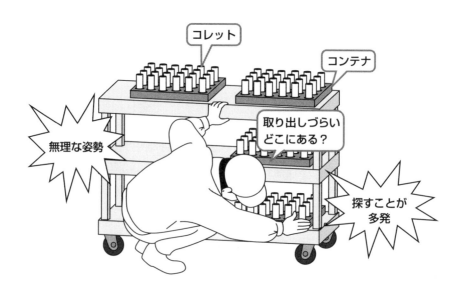

改善後

一番上のコンテナを取り除くと、自動で下に収納されたコレットの入ったコンテナがせり上がり、所定の位置にくるリフター収納ボックスを製作した。立ち位置を変えず、常に一定の高さでコレットの取り出しができ、コンテナも楽に返却できる。

リフター収納ボックス
（全7種類）

φ25用　φ20用　φ16用　φ12用　φ8用　φ10用　φ6用

生産性向上・作業改善（作業改善）

生産性向上・作業改善（搬送）

生産性向上・作業改善（治具）

工具改善

自社開発機器

安全改善

省エネ・環境改善

目で見る管理

改善のメカニズム

荷と重りのバランスで昇降動作する。

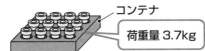

コンテナ

荷重量 3.7kg

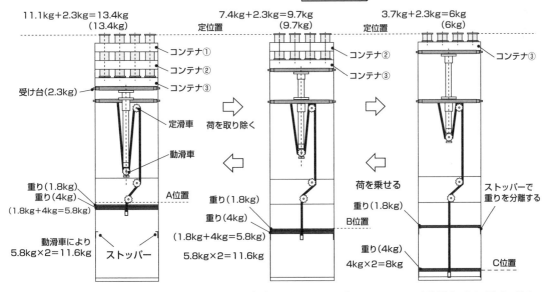

11.1kg＋2.3kg＝13.4kg
（13.4kg）

7.4kg＋2.3kg＝9.7kg
（9.7kg）

3.7kg＋2.3kg＝6kg
（6kg）

定位置　定位置

コンテナ①
コンテナ②
受け台(2.3kg)　コンテナ③
定滑車
動滑車
重り(1.8kg)
重り(4kg)
(1.8kg＋4kg＝5.8kg)　A位置
動滑車により
5.8kg×2＝11.6kg　ストッパー

荷を取り除く

コンテナ②
コンテナ③
重り(1.8kg)
重り(4kg)
B位置
(1.8kg＋4kg＝5.8kg)
5.8kg×2＝11.6kg

荷を乗せる
ストッパーで重りを分離する

コンテナ③
重り(1.8kg)
重り(4kg)
C位置
4kg×2＝8kg

重り（11.6kg）よりコンテナ①②③（13.4kg）の方が重いため、重り（11.6kg）はA位置まで上がり、コンテナが定位置まで下がる

コンテナ①がなくなると、重り（11.6kg）よりコンテナ②③(9.7kg)方が軽くなり、重り（11.6kg）はB位置まで下がってコンテナ②③が定位置まで上がる

コンテナ②がなくなると、重り（8kg）よりコンテナ③（6kg）の方が軽くなり、重り（8kg）のみがC位置まで下がってコンテナ③が定位置まで上がる

★ポイント
重りの側面に切り欠きを設けることで、2個の重りを分離してある

重り1.8kg
ストッパー
重り4kg

苦労したこと

動力源の重り調整（摩擦力を考慮した重り調整）と、決められたスペースに設置できるサイズの考案が難しかった。

改善の効果

・取り出し収納時間の低減
・歩行の廃止
・不安全作業姿勢の廃止

15 払い出されたワークを
セットしやすいように自動反転

作品名：回しちゃうんです。

からくり

ワークが自重でスライドしながら向きを変える。

使った材料

鉄板、丸棒、ブッシュ、ベアリング、紐、滑車

制作者

㈱三五
製造エンジニアリング部内製課　浦丸安孝

制作費用

1150円（部品費、一部廃材利用）

改善の概要＆問題点

　作業者がワークを取り出して一時置き台に置き、ワークを180°反転させてから次工程にセットするやりにくい作業を行っていた。反転するときにはヒヤッとすることもある。

改善前

ワークを手で取り出し、一時置き台に置いて向きを変えてから次工程にセットしている。

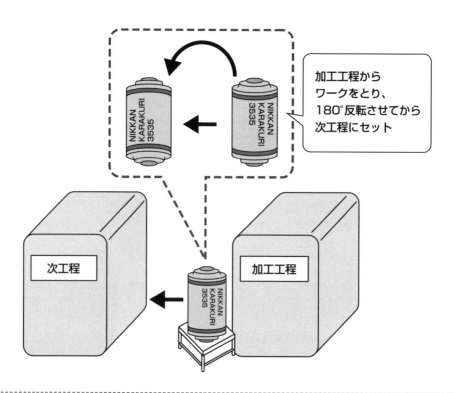

加工工程から
ワークをとり、
180°反転させてから
次工程にセット

改善後

ワークをバケットに乗せると、自重で反転しながら移動する装置を製作した。
ワークをとると、重りの作用でバケットは元の位置に戻る。

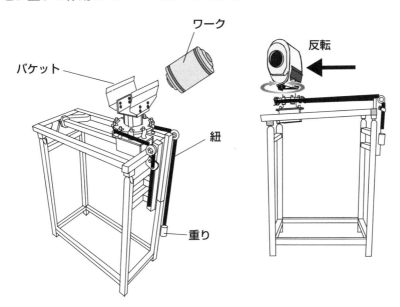

ワーク

バケット

反転

紐

重り

改善のメカニズム

ワークの自重による推進方向と、位相をずらして取り付けた
紐により、回転力が生まれる。

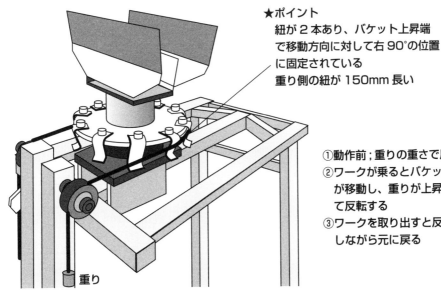

★ポイント
紐が2本あり、バケット上昇端
で移動方向に対して右90°の位置
に固定されている
重り側の紐が150mm長い

①動作前；重りの重さで原位置
②ワークが乗るとバケット
　が移動し、重りが上昇し
　て反転する
③ワークを取り出すと反転
　しながら元に戻る

重り

苦労したこと

流れながら治具を反転させる仕組みを考える
のが難行した。

改善の効果

・やりにくい作業の廃止
・ヒヤリ災害の撲滅

生産性向上・作業改善（作業改善）

生産性向上・作業改善（搬送）

生産性向上・作業改善（治具）

工具改善

自社開発機器

安全改善

省エネ・環境改善

目で見る管理

16 他の機械の力をためて 好きなタイミングで回転

からくり
成形機の型締め力から動力を得て留保しておき、ゼネバ歯車で回転させる。

使った材料
釣り糸、ゼネバ歯車（内製）、傘歯車（内製）ほか

制作者
東海興業㈱
革新生産部　間瀬昇一、榊原祐矢ほか1名

制作費用
3万7000円

改善の概要&問題点
　長いワークを背伸び作業で掛け台に掛け、回転させて次の工程へ送っていたため肩への負担が大きく、作業者からも「何とかしてほしい」との声が上がっていた。ワークが長いので床にワークを接触させないようにするには、どうしても高い掛け台が必要だった。しかし、回転だけは何とか軽く回せるようにしたかった。

改善前
掛け台にワークをセットする作業はキツく、負担が大きかった。

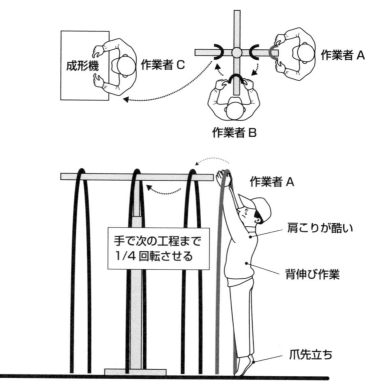

生産性向上・作業改善（作業改善）

生産性向上・作業改善（搬送）

生産性向上・作業改善（治具）

工具改善

自社開発機器

安全改善

省エネ・環境改善

目で見る管理

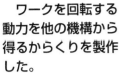

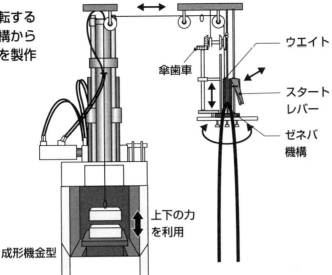

◆からくり概要

ウエイト

傘歯車

スタートレバー

ゼネバ機構

上下の力を利用

成形機金型

①成形機の令型が閉まる力を利用し、ウエイトを持ち上げてロック
②スタートレバーにワークを当てると、ロックがはずれてウエイトが下がり、ゼネバ歯車を回転させる。作業者の回したいタイミングで 1/4 回転する

改善のメカニズム

滑車と傘歯車を使い、得たい方向の軸回転を取り出し、ゼネバ機構で回転板を制御している。

◆ゼネバ機構

☆連続回転運動を断続回転に変換する機構

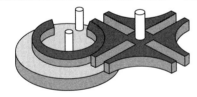

1/4 回転

1 回転

◆動作概要

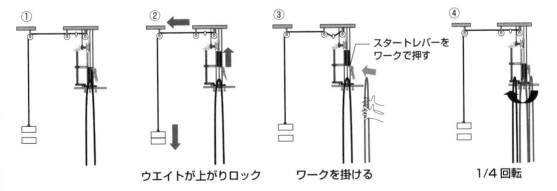

① ② ウエイトが上がりロック ③ スタートレバーをワークで押す ワークを掛ける ④ 1/4 回転

苦労したこと

成形機の動作と作業者が回したいタイミングが違っているため、成形機の力をためて時間差を設けるように工夫した。

改善の効果

・肩への負担を大幅に軽減
・背伸びしなくても作業が可能
・女性に優しい改善

17 クレーンレスで楽々取り外せる専用台車

作品名：らっくんだ！

からくり

ばねと滑車を駆使し、重量物を引き寄せる。

使った材料

樹脂巻きフレーム、ばね、ワイヤー

制作者

日立金属㈱　安来工場
藤原聖也、小澤紀夫

制作費用

8万6000円

改善の概要＆問題点

材料内側にある内径スリーブ（約30kg）を設備から取り外す作業時に、クレーンを使用して取り外していたが、時間がかかり非常に手間だった。

改善前

材料を設備に巻き取り後、残った内径スリーブを取り外すために、クレーンを準備・操作を行っていたので作業に時間がかかっていた。

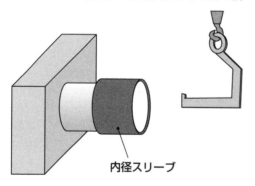

クレーン停止位置よりクレーンを操作して設備前に準備する

内径スリーブ

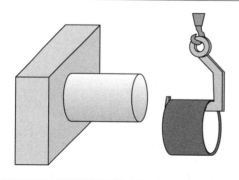

クレーン操作して設備から内径スリーブを取り外し、置き場まで運搬後にクレーン停止位置まで戻す

生産性向上・作業改善（作業改善）

生産性向上・作業改善（続き）

生産性向上・作業改善（治具）

工具改善

自社開発機器

安全改善

省エネ・環境改善

目で見る管理

改善後

クレーンレスで安全・簡単に取り外すことができるからくり専用台車を製作し、ムダな作業時間を削減した。

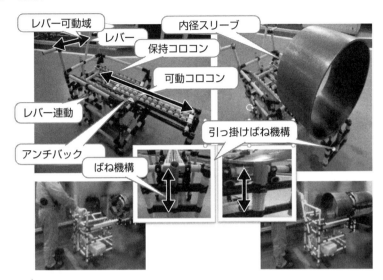

改善のメカニズム

レバーを操作すると可動コロコン部分が前後し、先端の引っ掛けばね機構が作用することにより、クレーンレスで簡単に内径スリーブを取り外せるようになった。

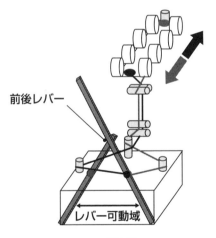

前後レバー

レバー可動域

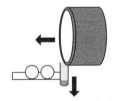

【スリーブ引っ掛けばね】
先端のテーパーによりスリーブ引き取り時に下がり、引き取り後はばねによりロックする
【コロコン引き寄せ動作】
淡色ワイヤーが引かれ、濃色ワイヤーが緩む
【コロコン押し出し動作】
濃色ワイヤーが引かれ、淡色ワイヤーが緩む

前進端

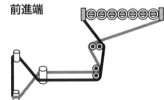

後進端

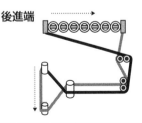

苦労したこと

コロコンを前後にスライドさせるために使用している6本のパイプの距離を微調整し、スライド時の抵抗をいかに少なくし、スムーズに動かせるようにするかが大変だった。

改善の効果

内径スリーブをクレーンではずし、根太に置き、リフトで運搬という動作を、改善後は台車で取り外し台車のまま前工程へ運搬でき、大幅な動線・時間短縮を可能にした。

18 成形パネルを人手レスで積み上げ、10枚たまると払い出す

作品名：ツム積む

かⓇらⓇくⓇり
てんびんリンク機構を用い、メインウエイトとパネルの総ウエイトとの差異で作動する。

使ⓇっⓇたⓇ材Ⓡ料
鋼材、ボルト、ナット、ワッシャー、スプリング

制Ⓡ作Ⓡ者
マツダ㈱　防府工場
第4車両製造部プレス課　坂本宏樹

制Ⓡ作Ⓡ費Ⓡ用
12万円

改Ⓡ善ⓇのⓇ概Ⓡ要Ⓡ&Ⓡ問Ⓡ題Ⓡ点
以下に示す改善の切り口を抱えていた。
○作業者工数の削減（増員分1名の削減→常駐作業時間の短縮）
○安全性の向上（パネルとの接触時間を減らす→切創懸念の対策）
○積み込み作業の負荷削減（総重量10kg未満での運搬→重量物の運搬廃止）

改Ⓡ善Ⓡ前
ヘッダーパネルの積み込み要員として、通常のライン編成よりも1人増やして（5人→6人）生産していた。シュートから落ちてきたパネルを手で受け取り、1枚ずつ積み上げる作業で、積み上げたパネルをパレットへ収納する際に積み込み枚数が作業者ごとに差が出た（運搬時の負担：最大20枚で16kg）。

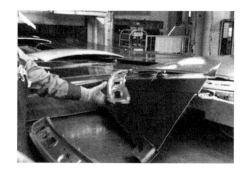

改Ⓡ善Ⓡ後
このからくりにより、無人状態でパネルが10枚ずつ重なって払い出される。約1時間ごとに、払い出されたパネルをパレットへ積み込む作業のみに変更できた（ストック最大100枚（10枚×10セット））。

改善のメカニズム

生産性向上・作業改善（作業改善）

生産性向上・作業改善（搬送）

生産性向上・作業改善（治具）

工具改善

自社開発機器

安全改善

省エネ・環境改善

目で見る管理

「ガイド機構」「シュート機構」「払い出し機構」の３つのからくりにより
パネルの自動収納を実現した。

ポイント１ ガイド機構

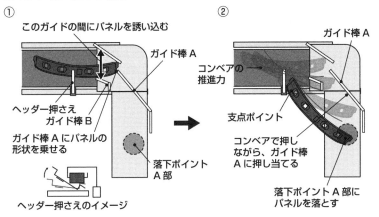

① このガイドの間にパネルを誘い込む
ガイド棒A
ヘッダー押さえ
ガイド棒B
ガイド棒Aにパネルの形状を乗せる
コンベアの推進力
落下ポイントA部
ヘッダー押さえのイメージ

② ガイド棒A
支点ポイント
コンベアで押しながら、ガイド棒Aに押し当てる
落下ポイントA部にパネルを落とす

①ヘッダー押さえでパネルのバタツキを抑制し、ガイド棒A・Bを使ってパネルを誘導する
②コンベアの推進力とパネルの重心移動、ガイド棒Aにより、落下ポイントA部に確実に届ける

ポイント２ シュート機構

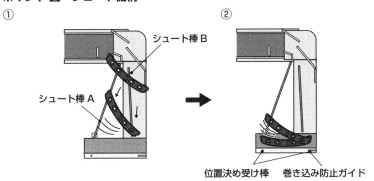

① シュート棒B
シュート棒A

② 位置決め受け棒　巻き込み防止ガイド

①高い位置で傾斜が緩やかなシュート棒Aと、低い位置で傾斜が急なシュート棒Bにより、パネル流れ姿（方向）が安定する
②「巻き込み防止ガイド」と「位置決め受け棒」により、パネルの旋回軌跡と積み込み姿勢が安定する

ポイント３ 払い出し機構

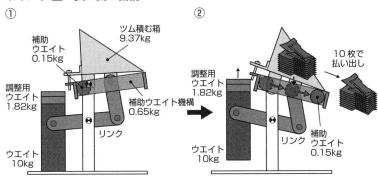

① ツム積む箱 9.37kg
補助ウエイト 0.15kg
調整用ウエイト 1.82kg
補助ウエイト機構 0.65kg
リンク
ウエイト 10kg

② 10枚で払い出し
調整用ウエイト 1.82kg
リンク
補助ウエイト 0.15kg
ウエイト 10kg

①ツム積む箱とウエイトが、リンクを介してバランスがとれた状態に調整されている（払い出し枚数に合わせ、調整用ウエイトを調整する）
②ツム積む箱に10枚目のパネルが入ると、重量とパネルの流れ込む勢いで箱とウエイトとのバランスが崩れ、箱が傾斜して10枚に積み重なったパネルが払い出される

苦労したこと

確実にパネルがツム積む箱へ案内され、同じ軌跡で積み込まれること。また確実にパネルが規定枚数で、台車へ払い出されるためのウエイトと本体とのバランス調整が大変だった。

改善の効果

・常駐作業者廃止による編成ロスの削減（6人→5人編成）
・10枚以上の積み重ねによる重筋作業の廃止
・パネル接触時間削減による安全性向上

19 トラック運搬も容易なキャスター

からくり
本体の上下でタイヤ（ピン）が平面カム内を移動し、タイヤが出たり入ったりを繰り返す。

使った材料
鉄板、タイヤ、ピン、ベアリング

制作者
㈱アイチコーポレーション
生産技術部生産技術三課

制作費用
2000円

改善の概要&問題点
　構内運搬台車をトラックに載せて搬送するには、キャスターのロックや解除操作が必要だった。トラックの荷台ではベルトでの固定作業が発生し、構内運搬台車を他の工場間で使用できなかった。

改善前
　構内運搬台車にキャスターを取り付け、トラックに載せられるようになることを希望していた。しかし、以前に採用していたキャスターは上げ下げでタイヤが出たり入ったりするものの、複雑で量産できなかった。

構内運搬台車

改善後
　台車を上げ下げすることで、タイヤが出たり入ったりを繰り返すキャスターを製作した。これにより、フォークリフトから降りてキャスター4カ所をロック・解除することは不要となった。

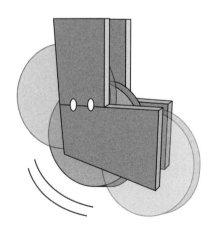

生産性向上・作業改善（作業改善）

生産性向上・作業改善（搬送）

生産性向上・作業改善（台車）

工具改善

自社開発機器

安全改善

省エネ・環境改善

目で見る管理

【動き】

順序1　トラックに積載されタイヤが入った状態

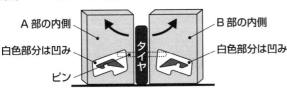

A 部の内側　　　　　　　　　　B 部の内側
白色部分は凹み　　　　　　　白色部分は凹み
ピン

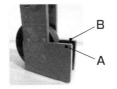

B
A

順序2　トラックからフォークリフトで本体（A・B部）を上げ、タイヤのみが自重により下りた状態

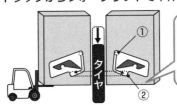

ピン（タイヤ）は自重によりC部の凸面がガイドとなり①部から②部へ下がる

順序3　フォークリフトで路面に降ろすとタイヤが接地し、走行（牽引）時の状態

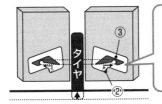

ピン（タイヤ）は路面により突き上げられ溝とD部の凸面がガイドとなり②部から③部へ上がる

順序4　路面からフォークリフトで上げた状態

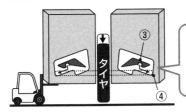

ピン（タイヤ）は自重によりE部の凸面がガイドとなり③部から④部へ下がる

順序5　フォークリフトでトラック荷台に下げると、F部の凸面がガイドとなり④部から①部へ上がり、順序1の状態となる

改善のメカニズム

　タイヤは、格納位置から本体を上げると自重で下がる。その際に多少傾斜地でも誤動作を防ぐため、ガイド部分をV字にしている。次に本体を下げて接地し、タイヤが突き上げられる際も同様で、誤動作を防ぐためガイド部分をV字にしている。本体とタイヤの自重を交互に利用し、矢印の動きを繰り返す。

「からくり」の平面カム機構

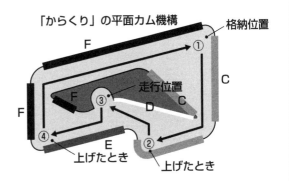

格納位置
F
①
C
走行位置
F
③
D　C
F
④
②
E　　　上げたとき
上げたとき

苦労したこと

平面カムまでの発想と、誤動作を防ぐためガイド部の角度や長さなどに苦労した。

改善の効果

金額換算で10万円分のコストダウンにつながった。

20 レバー１本で３つの動作を同時展開する台車

からくり
リンク機構とワイヤーを使い、レバー操作1つで別々の動きをさせる。

使った材料
アルミフレーム、ワイヤー紐、防塵シート、滑車、ヒンジコネクター、アルミ板、キャスター

制作者
マレリ㈱　児玉工場
技術チーム　澤田栄二

制作費用
3万4329円

改善の概要&問題点
　従来の台車は扉を手動で開閉し、スロープを手動で上げ下げしていた。また、内履きを手で持って台車移動していたため、動作が多い台車の操縦が難しく危険だった。

改善前
反対側に回り込んでの操作が多く、使い勝手の面で向上の余地があった。

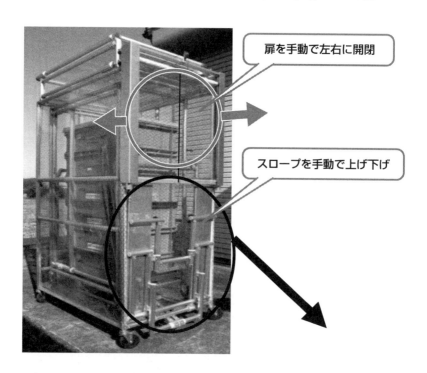

扉を手動で左右に開閉

スロープを手動で上げ下げ

改善後

　扉を左右の開閉式から上下式に変え、レバーを取り付けてからくりを入れた。これにより、改善前にしていた3つの動作がレバー1本で、1動作で済むようになった。

取っ手側　　　　　開閉側

改善のメカニズム

　内履き入れの出し入れ、防塵シートおよびスロープ、ストッパーの開閉をレバー1本で行うことができるようになった。

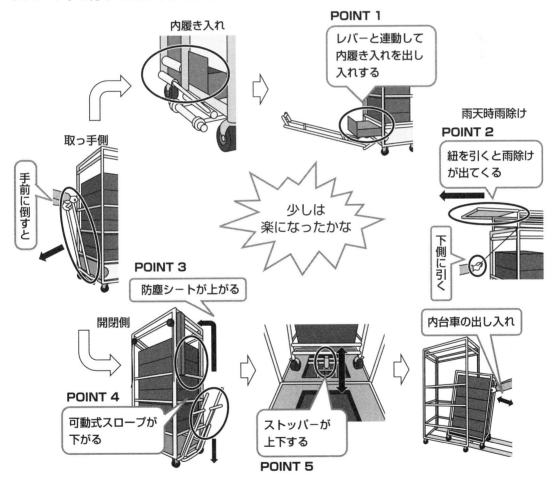

内履き入れ

POINT 1
レバーと連動して内履き入れを出し入れする

雨天時雨除け
POINT 2
紐を引くと雨除けが出てくる

取っ手側

手前に倒すと

下側に引く

少しは
楽になったかな

POINT 3
防塵シートが上がる

開閉側

内台車の出し入れ

POINT 4
可動式スロープが下がる

ストッパーが
上下する
POINT 5

苦労したこと

限られたサイズの中でのからくりだったため、機能を入れ込むのに苦労した。

改善の効果

動作の削減と、台車を両手でしっかり押せるようになった。

生産性向上・作業改善（作業改善）

生産性向上・作業改善（搬送）

生産性向上・作業改善（治具）

工具改善

自社開発機器

安全改善

省エネ・環境改善

目で見る管理

21 | 台車に荷物を載せたまま車に 積み下ろしができる

作品名：腰に愛を　〜コシLOVE YOU〜

からくり

リンク機構を使い、車輪を折り畳んだりロックしたりする。

使った材料

鉄板、アルミフレーム、ペダル、車輪

制作者

㈱三五
工機部設備課　花畑 誠

制作費用

3万6500円（部品費）

改善の概要&問題点

　業務用車両に荷物を載せる作業では、12kg以上ある場合は台車で荷物を運び出し、トランクを開けて荷物を積み、台車を畳んで荷台に乗せていた。

改善前

　荷物が多いときは、何度も持ち上げて腰を痛める。荷物を載せ終わった後には、台車も積み込まなければならない。

荷物を台車に載せたまま
積み込みができないものかな…

が

改善後

救急車のストレッチャー台車にヒントを得て、荷物を積んだまま車内に運び込める台車を考案した。

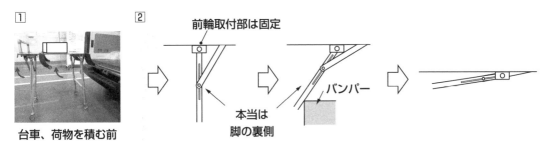

① 台車、荷物を積む前

② 前輪取付部は固定
本当は脚の裏側
バンパー

③ 後輪取付部は動く（前へ）
スライドユニット　ガイド
バンパー

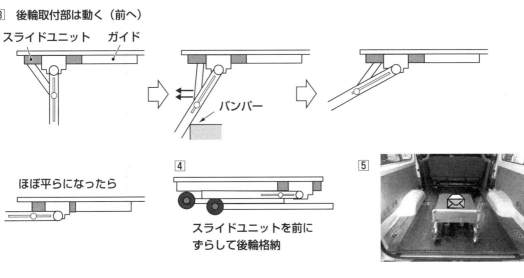

ほぼ平らになったら

④ スライドユニットを前にずらして後輪格納

⑤

改善のメカニズム

車輪軸がバンパーに触れると、そのまま折り畳める構造とした。
後輪は折り畳み後、ユニットをスライドさせて格納する。

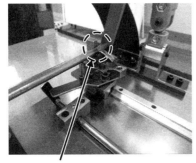

車輪を起こしたときのロック機構

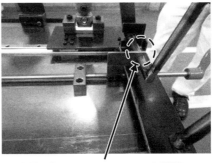

車輪を起こしたときのロック機構

苦労したこと

レバーを引いたら車輪が折れて畳める機構の製作が難しかった。

改善の効果

車へ荷物と台車を載せる作業がなくなり、腰を痛めることがなく楽になった。

生産性向上・作業改善（作業改善）
生産性向上・作業改善（搬送）
生産性向上・作業改善（治具）
工具改善
自社開発機器
安全改善
省エネ・環境改善
目で見る管理

☑KARAKURI

22 大・小プーリーを使って楽に軽く トレーを持ち上げる

作品名：楽軽（ラッカル）

からくり

重力と輪軸を活用して台車を改善した。

使った材料

アルミフレーム、2段プーリー、角バランサー、テグス糸

制作者

豊田合成㈱
SS製造部SS工程改善課　早川健治

制作費用

4万1480円（台車）

改善の概要＆問題点

腰をかがめて空トレーを持ち上げ、準備台車に載せている。毎回作業のため腰を曲げる回数が多く、もう少し楽に準備したい。足を使ってペダルを踏む（滑車の改良版）と、うまく上下できないものか…。

改善前

部品供給者は決まった時間（10分ごと）に実トレー（1セットの部品が入っている）を供給し、空になったトレーを回収していた。

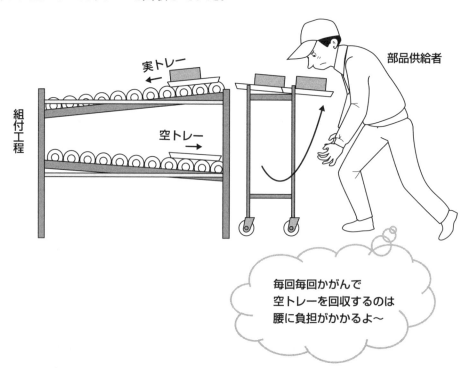

実トレー

空トレー

組付工程

部品供給者

毎回毎回かがんで
空トレーを回収するのは
腰に負担がかかるよ〜

改善後

空トレーを回収して持ち上げる機構を台車に組み込んだ。

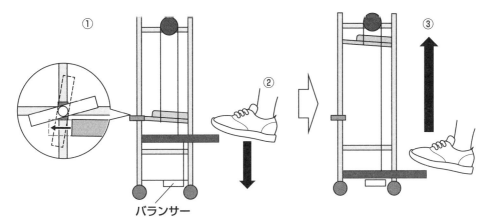

バランサー

①: 台車を棚に固定すると、ピンが傾いて空トレーが台車に滑ってくる
②: ペダルを踏む
③: ペダルを踏む距離の倍 空トレー置き台が上昇する

①空箱が台車に滑り込む仕組み

台車が棚に近づいていくところ

改善のメカニズム

2段プーリーを利用する。φ50、φ25と異なるプーリーが一体化されたもの（市販品）にテグスを張りφ25のテグスを引くと、引っ張る距離が倍になる（輪軸）。

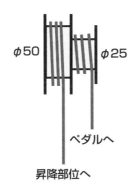

φ50　φ25

ペダルへ

昇降部位へ

苦労したこと

足の踏み込み量を少なく、上昇量を多くするバランス取りに苦労した。

改善の効果

空トレーを回収するのに腰曲げが不要になり、腰痛対策になった。

生産性向上・作業改善（作業改善）

生産性向上・作業改善（搬送）

生産性向上・作業改善（治具）

工具改善

自社開発機器

安全改善

省エネ・環境改善

目で見る管理

23 台車を引くときの作業負荷をアシスト

作品名：Pull Pull(プルプル)でGo

からくり

牽引レバーを倒す力を、てこの原理で台車が床面を蹴る力に変え、初動をサポートする。

使った材料

鋼材（リンク機構）、ワイヤー

制作者

マツダ㈱　スマイル筋肉サークル
リーダー　真鍋孝典

制作費用

2万円（材料費）

改善の概要&問題点

台車を押すときの初動は過去の改善で解決したが、台車を狭い場所から出す際の引くときの初動が重い。また、台車を入れ替える際に、台車を引くが後ろが見えず危険。牽引台車を連結させるときに台車が重く、フックとピンを連結させにくいという問題が未解決だった。

改善前

台車の作業性改善を続けてきたけれど、まだまだ課題は多い。

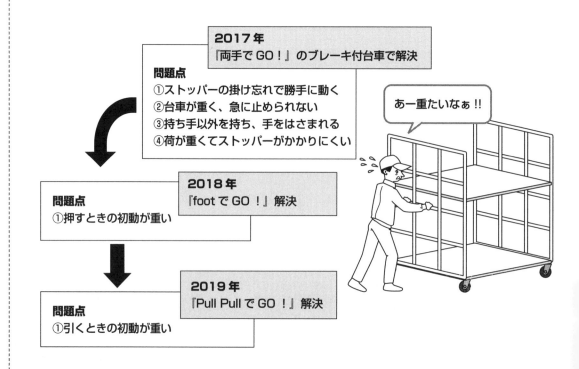

2017年
『両手でGO！』のブレーキ付台車で解決

問題点
①ストッパーの掛け忘れで勝手に動く
②台車が重く、急に止められない
③持ち手以外を持ち、手をはさまれる
④荷が重くてストッパーがかかりにくい

あー重たいなぁ!!

2018年
『footでGO！』解決

問題点
①押すときの初動が重い

2019年
『Pull PullでGO！』解決

問題点
①引くときの初動が重い

改善後

2018年に改善したブレーキ付初動軽減台車に、今回さらに、引く際の初動補助機構を追加した。

①両手レバーを握る
②牽引レバーを倒す
→①or②でブレーキ解除 !!

③フットペダルを設置して車輪位置を変更した。ペダルを踏むことにより、リンク機構の前進力で、押す力を補助
④両手レバーの握る力を軽減

『今回』
⑤牽引レバーに、取っ手を設置また床面を蹴り出す機構を設置
取っ手を倒すと、引き方向に動く。そのままハンドリフトのように引くこともできる

改善のメカニズム

牽引レバー部に床面を蹴り出す機構を追加。レバーを倒した際に、引く力をアシストする力が発生する。牽引レバー部分の取っ手を使い、ハンドリフトのように引くことができる。

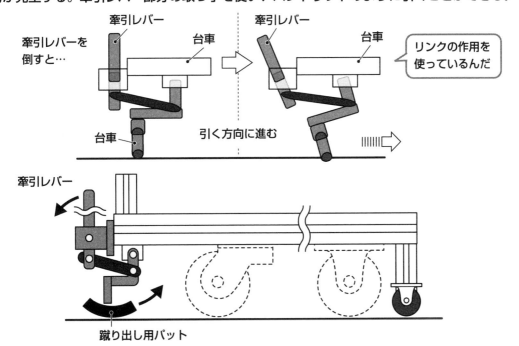

牽引レバーを倒すと…　牽引レバー　台車

牽引レバー　台車

リンクの作用を使っているんだ

台車　引く方向に進む

牽引レバー

蹴り出し用パット

苦労したこと

牽引レバーを倒す操作と、ブレーキを解除されるタイミンクをワイヤーで調整した点が難しかった。牽引レバーの操作で、ブレーキのワイヤーがたるまないようにした。

改善の効果

0.02分／回×10回／日×2直
×22日×12カ月÷60×4,100円
＝7,216円／年

生産性向上・作業改善・作業改善

生産性向上・作業改善（搬送）

生産性向上・作業改善（治具）

工具改善

自社開発機器

安全改善

省エネ・環境改善

目で見る管理

24 重い荷物も持ち上げずに 運搬・収納ができる

作品名：楽々運搬台車

からくり

てこの原理を利用し、重量ある荷物も持たずに昇降できる。

使った材料

アルミフレーム、グリーンフレーム、SUS板、車輪

制作者

トヨタ自動車㈱
電池生技部　小倉英文

制作費用

3万円

改善の概要&問題点

　納入された一斗缶などを収納棚に運搬・収納している。重量がある荷物（18kg）を持ち上げて台車に載せ降ろししたり、中腰で棚に収納したりと、やりにくい作業となっている。

改善前

一斗缶やペール缶など重量物を持ち上げる非常にやりにくい作業になっている。

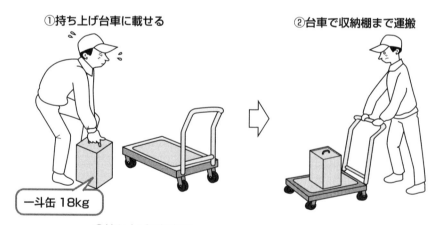

①持ち上げ台車に載せる　　②台車で収納棚まで運搬

一斗缶 18kg

③持ち上げて棚収納

中腰姿勢での収納

改善後

　最下端で荷台板が床面と接するため、荷物を持ち上げず滑べらせて引き込める台車を完成させた。荷台板最下端で台車が自立（直立）し、車輪が床面から離れるようになっている。

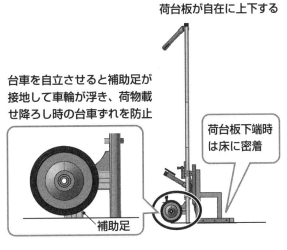

荷台板が自在に上下する

台車を自立させると補助足が接地して車輪が浮き、荷物載せ降ろし時の台車ずれを防止

荷台板下端時は床に密着

補助足

改善のメカニズム

　台車の支柱を荷台板が自在に上下する仕組みである。持ち上げるときはてこの原理を応用し、完了後は支柱が直立して車輪を浮かせる。荷物の払い出しにはてことリンクを採用している。

荷物積み込み

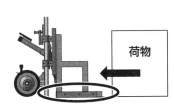

荷物を持ち上げずに引き込め、車輪が浮いているためずれない

荷物

傾斜させ車輪が接地・運搬可能

荷台最下端

荷台昇降

荷台前部を棚に掛け、そこを支点に台車を起こす

支点

150mm

荷台が上昇し台車が自立

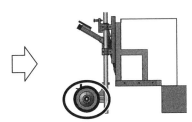

荷物払い出し

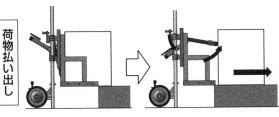

ペダル連結機構により荷物を払い出す

ペダル連結機構

ペダル　支点

押し出しバー

ペダルを踏むと支点を中心に押し出しバーが回転

苦労したこと

動力を使わず、台車を動かす動作のみで荷台昇降できるようにしたことと、荷物を持ち上げずに載せ降ろしを可能にしたこと。

改善の効果

重量物を持ち上げずに運搬、収納できるようになった。

生産性向上・作業改善（作業改善）

生産性向上・作業改善（搬送）

生産性向上・作業改善（治具）

工具改善

自社開発機器

安全改善

省エネ・環境改善

目で見る管理

25 | 停止時は忘れずに ストッパーが掛かる台車

からくり

リンクと、てこの原理を応用した。

使った材料

アルミフレーム、ステンレス丸棒、ばね

制作者

古河電気工業㈱
原田レオ、岡本海斗

制作費用

8000円

改善の概要&問題点

　工場内では、台車を停止させるときはストッパーを掛けるルールになっている。しかし、ストッパーの掛け忘れがときどき発生する。この問題が「何とかならないか？」とのニーズを受けて考案した。

改善前

ルール化して守るようにしたが、なかなか徹底できなかった。

私たちの工場では、台車を停止
させるときは必ずストッパーを
掛けるルールがある
でも、忘れが生じる

改善後

　台車移動の際には必ず取っ手に手を添えることから、取っ手部にリンク機構を取り付け、取っ手を握ることで車輪上部のストッパーを動かす機構を考えた。

> 手を添えることで
> ストッパーが解除され、
> 移動が可能に

　手を離したときには、スプリングを使い、車輪上部のコの字型ストッパーを強制的に車輪に押しつける機構とした。解除時は、取っ手部分に手を添えることでストッパーが解除され、移動が可能となる。参考にしたのは、空港で使われるカートである

改善のメカニズム

　ばねを利用し、常に閉じようとする力を働かせた。

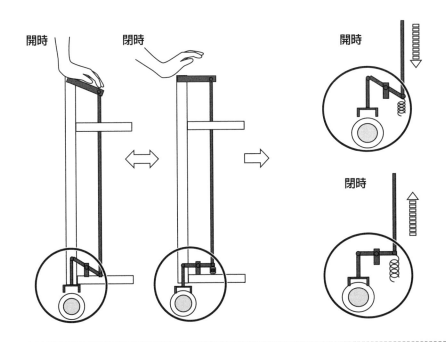

開時　　閉時　　　　　　　　開時

閉時

苦労したこと

ポンチ絵を描いて、想像通りの動きが再現できたことで、リンクの機構を学ぶことができた。

改善の効果

台車移動時のストッパーの掛け忘れがなくなった。

生産性向上・作業改善（作業改善）

生産性向上・作業改善（搬送）

生産性向上・作業改善（治具）

工具改善

自社開発機器

安全改善

省エネ・環境改善

目で見る管理

26 | AGVによる運搬台車のストッパー 自動解除

作品名：AGV台車ストッパー自動解除

からくり
リンク機構とAGV推進力で台車のストッパーを解除する

使った材料
一般鋼材

制作者
ジヤトコ㈱
酒井正人

制作費用
1000円

改善の概要&問題点
　AGVで搬送する台車にストッパーを解除する機構がなかったので、ストッパーをかけずにおいた。そのため、床面の状態によっては台車が動いてしまい、連結できない状態が発生した。

改善前
　AGVを待っている間、床面の傾斜で台車が動くことがあった。したがって、連結時にAGVが台車のガイドに接触し、連結できないことが起きた。

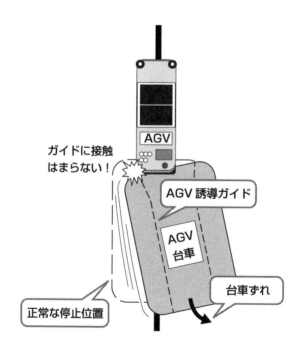

ガイドに接触 はまらない！

AGV誘導ガイド

AGV台車

台車ずれ

正常な停止位置

改善後

市販の台車ロック機構を採用したが、AGVが台車を通過（接触）するとロックが解除するからくりを組み込んだ。

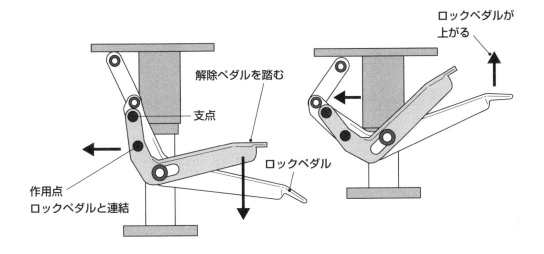

改善のメカニズム

AGVが通過すると解除レバーが動き、解除ペダルの作用点を直接レバーが押し込み、ストッパーが解除される。

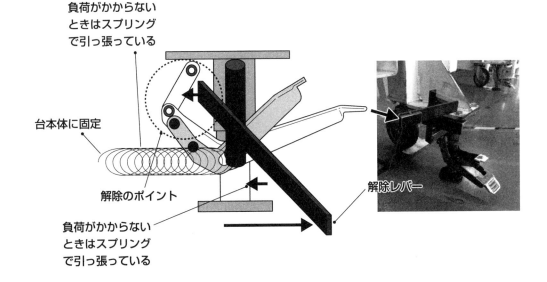

<table>
<tr><td>

苦労したこと

支点をつくる支柱の固定方法を見出すのが難しかった。

</td><td>

改善の効果

台車ずれによるAGV連結不具合の手直し作業をなくすことができた。

</td></tr>
</table>

生産性向上・作業改善（作業改善）

生産性向上・作業改善（搬送）

生産性向上・作業改善（治具）

工具改善

自社開発機器

安全改善

省エネ・環境改善

目で見る管理

27 台車ストッパーの煩わしさ改善 ＋連結・離脱の連動

作品名：我ら3重糸（さんじゅうし）！「One for All, All for One」

からくり

てこの力がストッパー部のリンク機構へ伝わり、台車ストッパーのON/OFFを可動する。

使った材料

市販アルミパイプなど

制作者

豊田自動織機㈱　東浦工場
近藤 光

制作費用

16万円（部品代＋組立費）

改善の概要＆問題点

　安全上、台車を指定場所に置くときはストッパーをしなくてはならないが、車輪の向きが悪くストッパーペダルが奥側に行き、ペダルが踏めないことがある。再度台車を切り返して、車輪の向きを変えてからストッパーをかけなくてはならない。

改善前

　台車を指定場所などに置くときは、ストッパーをしなくてはならない。しかし、車輪の向きが悪くてストッパーペダルが踏めないことがある。その都度台車を切り返して、車輪の向きを変えてストッパーをかけている。

ストッパーペダル一体型車輪を
使用している台車が多い・・・

ペダルは〜？

どこへ〜
Where has it gone?
Far away〜！？
(ToT)

((ﾟДﾟ≡ﾟДﾟ))

生産性向上・作業改善（作業改善）

生産性向上・作業改善（搬送）

生産性向上・作業改善（治具）

工具改善

自社開発機器

安全改善

省エネ・環境改善

目で見る管理

改善後

ペダル式ではなく、ハンドル操作でON/OFFができるストッパー台車を考案した。

1の糸：手元のハンドル操作で、ストッパのON/OFFが可能に

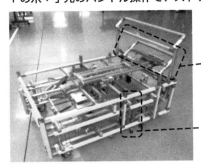

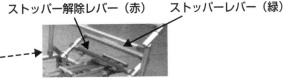

ストッパー解除レバー（赤）　　ストッパーレバー（緑）

ストッパー部
（左右各1カ所）

改善のメカニズム

ストッパー解除レバー（赤）を引くとワイヤーが引っ張られ、ストッパー部リンク機構（突っ張り）がはずれて、ストッパーOFFになる。反対に、ストッパーレバー（緑）を押すとワイヤーが引っ張られ、ストッパー部リンク機構が突っ張ってストッパーONになる。

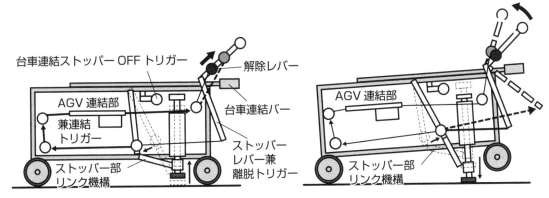

台車連結ストッパーOFFトリガー
解除レバー
AGV連結部
兼連結トリガー
台車連結バー
ストッパー部リンク機構
ストッパーレバー兼離脱トリガー

AGV連結部
ストッパー部リンク機構

2の糸：さらに付加価値を！
AGVでも「からくり連動」でストッパーが可動！

連結時は連結トリガーがスライド→解除動作

離脱時は離脱トリガーを跳ね上げ→ON動作

ストッパーOFF

跳ね上げ

ストッパーON

3の糸：台車同士の連結使用時も→
ストッパー外しは「からくり連動」でOK！

連結バーを伸ばすことで台車のストッパーがOFF

➡ 連結ストッパーOFFトリガーがワイヤーを引っ掛けることで「からくり連動」

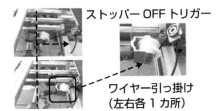

ストッパーOFFトリガー

ワイヤー引っ掛け
（左右各1カ所）

苦労したこと

3アクションすべてを「ストッパー1カ所に集結」することが大変だった。ほかにも台車の「同期移動対策」やAGV連結瞬間のストッパー「時間差解除」などいろいろあった。

改善の効果

・作業者の気遣い作業廃止による操作性向上と位置決め精度向上
・台車が素材シュートの代わりになり手元化
・AGV1台で工程間の多回運搬が可能

28 塗料をこぼさず安全に作業できる運搬台車

作品名：ハンモッくん

からくり
ハンモックの原理を応用し、4輪自在キャスターをマグネットで1カ所固定する。

使った材料
アルミパイプ、スプリング、ベアリング、キャスター、マグネット、パイプ用ジョイント

制作者
マレリ㈱（旧カルソニックカンセイ栃木）
からくり改善交流会　岸 憲太郎

制作費用
2万3000円

改善の概要&問題点
　射出成形機で生産した成形品に塗装作業が発生する。そのため、塗料・シンナー・硬化剤の調合作業をする。調合した塗料をミキシングルームから、塗装ロボットブース脇にあるサイドルームへ、作業者が手で抱えて運搬する。そのとき、液面が揺れて塗料がこぼれ、床を汚す。その都度清掃が発生し、また一斗缶の重量もあり通路も狭いため、作業が大変である。

改善前
　作業者は塗料調合終了後に、狭い通路を手持ちでサイドルームへ運搬している。運搬時の揺れにより塗料が跳ねることで、通路上に塗料が飛び散り、床面を汚してしまう。

内容量
10kg以上

通路幅
800mm

改善後

荷台角4カ所をスプリングで吊り、全方向からの揺れを台車中心に戻すハンモックの動きを応用した運搬台車を考案した。これにより一斗缶内の塗料をこぼさず、安全に運搬ができるようになった（路面の凹凸や段差、右左折時にも対応可）。

キャスター切り替えレバー

転倒防止バー

4つ角に上下振動吸収用スプリング装着

【運搬手順】
①転倒防止バーを握り下降させる

⇩

②台車に調合された一斗缶をセットする（最大2缶）

⇩

③手押しにて運搬台車を塗料交換エリアへ運搬する
（＊通路の形状によりキャスターの方向を切り替えながら運搬）

改善のメカニズム

荷台下角4カ所にスプリングを取り付け、運搬時の上下振動を吸収する免震構造とした。また可動式の転倒防止バーはSUS製クイッククランパーを使用し、上限で保持している。狭いところで台車の切り返しを容易にするため、台車キャスターの（固定↔自在）方向切り替えは、ブレーキレバーとマグネットをワイヤーでつないでマグネットを上下させることで、キャスターに取り付いているブラケットを固定、フリーへ変換する仕組みである。

ポイント①360°揺れの吸収

＊ハンモックの原理を取り入れ360°前後左右あらゆる方向の衝撃を吸収

取り置きが楽になる

ポイント②転倒防止バーの可動式

握りながら下降させる

ポイント③キャスター方向切り替え式

レバーを握る

レバーを離す

⇩

マグネットが上昇しブラケットから離れる

マグネットが下降しブラケットとつく

⇩

キャスター自在状態

キャスター固定状態

苦労したこと

荷台部分の揺れを抑制するのと、自在キャスターを固定キャスターへ変化させることに苦労した。

改善の効果

・塗料交換エリアまでの安全性確保と作業性向上
・運搬時による床面への塗料こぼれ防止
　→3Sの定着

生産性向上・作業改善（作業環境）
生産性向上・作業改善（搬送）
生産性向上・作業改善（治具）
工具改善
自社開発設備
安全改善
省エネ・環境改善
目で見る管理

29 ガイドレスでフレキシブルに走る マグネット誘導式搬送台車

作品名：空舟

からくり

搬送物の重量で駆動し、ネオジウム磁石の磁力を利用して台車を誘導する。

使った材料

ネオジウム磁石、オムニローラー、滑車、テグスワイヤー

制作者

トヨタ自動車九州㈱
組立部組立設備課

制作費用

80万円

改善の概要＆問題点

バッテリーサポート組付工程で、順たて（生産順序でセット）した部品箱を後工程に搬送するため、作業者は通い台車を押し、運搬車通路を横切り供給していた。しかし、①運搬車との接触の恐れ、②歩行発生（20歩）、③箱入れ替えの作業時間発生（15秒）という問題が出ていた。

改善前

作業者が台車を押して通路を横断し、順たて部品を供給している。AGVを導入すると予算がかかり過ぎる。無動力台車では旋回が難しく、ガイドレールなどで強制的に曲げる方法しかない。しかし、運搬通路上にガイドレールがあると、運搬車の走行ができなくなる。

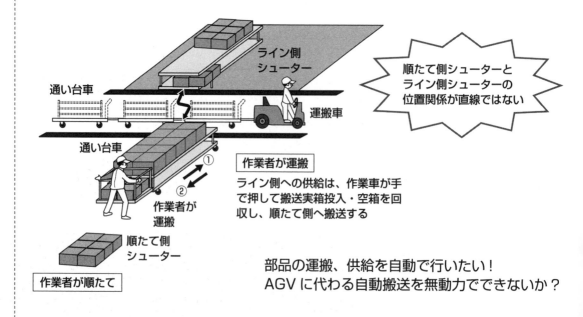

ライン側シューター

通い台車

運搬車

順たて側シューターとライン側シューターの位置関係が直線ではない

通い台車

作業者が運搬

ライン側への供給は、作業車が手で押して搬送実箱投入・空箱を回収し、順たて側へ搬送する

作業者が運搬

順たて側シューター

作業者が順たて

部品の運搬、供給を自動で行いたい！
AGVに代わる自動搬送を無動力でできないか？

生産性向上・作業改善（作業改善）

生産性向上・作業改善（搬送）

生産性向上・作業改善（省人）

工具改善

自社開発機器

安全改善

省エネ・環境改善

目で見る管理

改善後

ガイドレールがなくても走るマグネット誘導式搬送台車を製作した。あわせてシューターも改善し、シューターと台車が連動して箱入れ替えを自動化して手掛けレスとした。

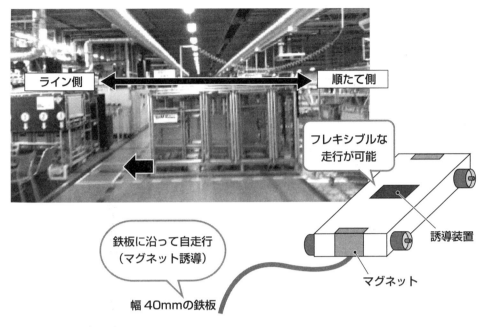

改善のメカニズム

マグネットの磁力を利用して台車を誘導する。外部動力は必要とせず、部品および部品箱の重さで自走行する。前・後輪連結リンク機構を備えた4WSによる脱線防止機能も備えた。

無動力走行の仕組み（箱重量を走行動力に変換）

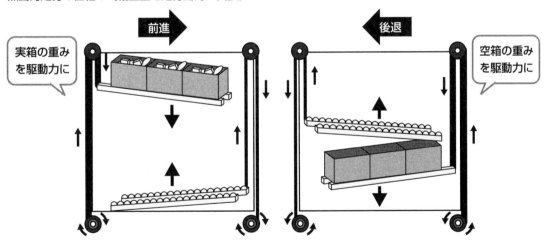

苦労したこと

磁石の選定や駆動車輪の選定に苦労した。細やかな誘導をさせるための4WS機構も難しかった。

改善の効果

・AGV導入費の250万円を低減
・箱入れ替えの自動化で15秒の時間削減

30 | モーターなどの動力を使わず 180°回転する部品シュート

作品名：180屋かずくん

からくり

滑車と回転軸で、ペダル操作によりシュートを180°回転する。

使った材料

アルミフレーム、ワイヤー、滑車

制作者

アイシン九州㈱　自動車商品事業部
改善推進部技術員室　中村一翔

制作費用

12万円

改善の概要&問題点

　投入台車でレールを供給していたが、台車の交換に時間がかかる。また、箱が大きく、シュート供給はできない。そのため投入台車の供給レーンと返却レーンが必要で、ムダにスペースをとりシェードが遠くなる。

改善前

台車の交換に時間がかかることと、スペースをとり過ぎるという2つの大きな問題があった。

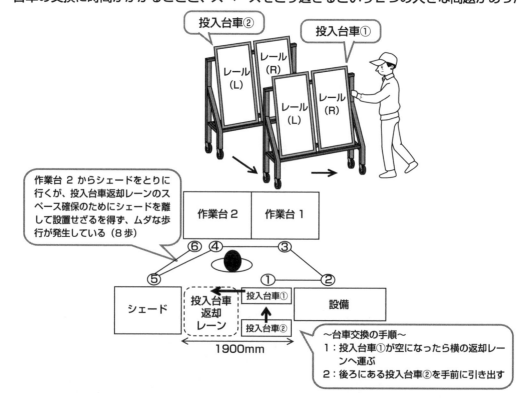

作業台2からシェードをとりに行くが、投入台車返却レーンのスペース確保のためにシェードを離して設置せざるを得ず、ムダな歩行が発生している（8歩）

～台車交換の手順～
1：投入台車①が空になったら横の返却レーンへ運ぶ
2：後ろにある投入台車②を手前に引き出す

改善後

　回転台をヒントに、フットペダルを1回踏むだけで、あっという間に箱替えが完了する180°回転台を製作した。

改善のメカニズム

　最後の1本をとり、フットペダルを踏むとロックがはずれ、台が回転する。組付作業をして戻ってくるまでには、箱替えが完了している。

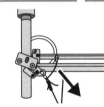

フットペダルと連動して回転動作を制御しているロックがはずれる

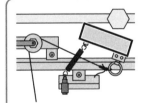

ばねを使った回転押し出し機構（通常時）

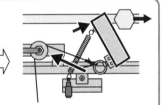

フットペダルを踏むとワイヤーが引っ張られ、回転押し出しが台のフレームを押し出す

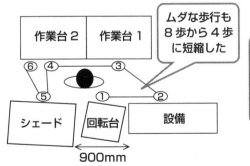

ムダな歩行も8歩から4歩に短縮した

回転台を導入したことにより、設備間が1000mm短縮し、シェードを作業台に近づけることができた!!これは一石二鳥な改善だ！

苦労したこと

重心のバランス、省スペース設計

改善の効果

レール箱替え作業時間は、改善前の6秒から改善後は1秒となり、回当たり5秒短縮した。

生産性向上・作業改善（作業改善）

生産性向上・作業改善（搬送）

生産性向上・作業改善（治具）

工具改善

自社開発機器

安全改善

省エネ・環境改善

目で見る管理

31 段取り替え時間を低減する 部品キットの投入シュート

作品名：シューター★キット

からくり

重りと滑車を使ってキット板をワンタッチ返却する。

使った材料

アルミフレーム、ワイヤー、滑車

制作者

アイシン九州㈱　自動車商品事業部
改善推進部技術員室　福田雄太

制作費用

15万円

改善の概要 & 問題点

部品を台車で供給しているが、レイアウトの関係でスペースが十分にない。そのため、空いているスペースに空台車を移動させる必要があり、交換に時間がかかっていた。

改善前

キット台車の部品をすべて使い終わったら台車を入れ替えるが、
周りが狭くて入れ替えにくい。

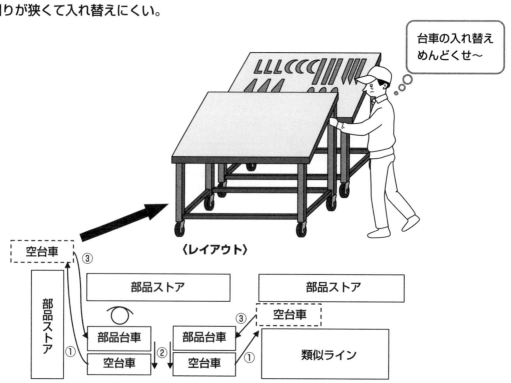

改善後

部品を台車供給からキット供給に変更。キット板をワンタッチで返却できる、重りの力を利用したからくりシュートを製作した。

改善のメカニズム

キット板の返却後、重りによりキット受けが原点復帰すると同時に、新しいキット板が流れ込む。ロック解除によりキット板の重みで再び傾き、キットがとりやすくなる。

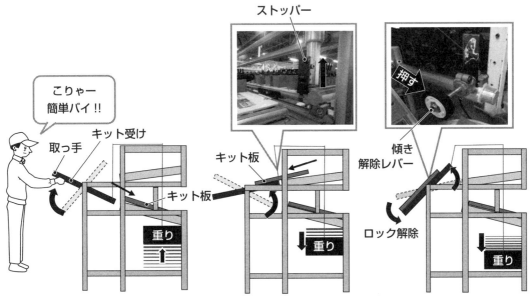

① 取っ手を持ち上げ、キット板を返却する。作業者の作業はここまで！（3秒）

② 手を離すと重りの力でキット受けが戻り、ストッパーが外れ、次のキット板が流れてくる

③ 流れてきたキット板が、傾き解除用レバーを押すことで受けのロックが解除され、キット板の重みで傾く

苦労したこと

キット板の流れるスピードを調整するのと、重りの調整が難しかった。

改善の効果

改善前は40秒かかっていた段取り替え時間が、改善後は3秒になり、1回当たり37秒短縮した。

生産性向上・作業改善（作業改善）

生産性向上・作業改善（搬送）

生産性向上・作業改善（治具）

工具改善

自社開発機器

安全改善

省エネ・環境改善

目で見る管理

32 空箱返しのワンタッチ化

からくり

重力・ばねで昇降シューターをしっかりロックするシンプルなシューター。

使った材料

アルミフレーム

制作者

トヨタ車体㈱　ものづくり推進部ものづくり研鑽室
工程改善推進グループ　木村大亮、古川 将

制作費用

8万円

改善の概要&問題点

　空箱返却する際、箱の背が高く、大きいために取り回しにくく、作業者に負担をかけていた（作業者は50歳）。

改善前

　部品を取り出すのに開口部が必要で、そのため空箱返却シューターが離れていてやりにくかった。

①改善前の動き

一番奥の部品を取り出すための上部の間口が必要

②改善前の動き

開口が必要なため、返却レーンに空箱を腕伸ばしして返却している

改善後

フットペダルを押すとリフターが下降し、返却レーンに空箱が流れるように
シューターを改善した。

①改善後の動き
部品を取りフットペダルを足で押す

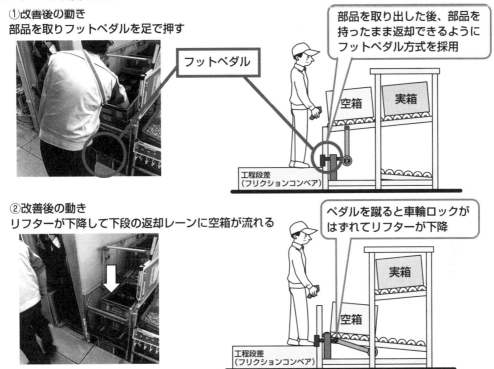

部品を取り出した後、部品を
持ったまま返却できるように
フットペダル方式を採用

フットペダル

空箱　実箱

工程段差
（フリクションコンベア）

②改善後の動き
リフターが下降して下段の返却レーンに空箱が流れる

ペダルを蹴ると車輪ロックが
はずれてリフターが下降

実箱

空箱

工程段差
（フリクションコンベア）

改善のメカニズム

ロックが解除すると箱とリフターの重量で下降し、箱が払い出されると
バランサーの張力で原点復帰する。

【I】箱の重量でリフ
ターが下降しようとし
ているが、車輪ロック
でロックが掛かってい
る

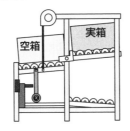

空箱　実箱

【II】フットペダルを
押すことで車輪ロック
が押される

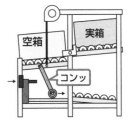

空箱　実箱

コンッ

【III】バランサーの張力
より箱＋リフターの重
力が重いため、下降し
て下段に空箱が流れる

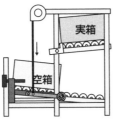

実箱

空箱

【IV】箱が流れ終わる
と、リフター重量よりバ
ランサー張力が強いた
め元の位置に戻り、次
の箱を流すようロック
部をたたいて解除する

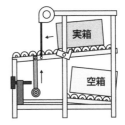

実箱

空箱

苦労したこと

小さいスペースの中でのつくり込み（強度・確
実性）に苦労した。

改善の効果

大きい箱返しによる作業者への負担を軽減し
た。

生産性向上・作業改善・作業改善

生産性向上・作業改善（搬送）

生産性向上・作業改善（治具）

工具改善

自社開発機器

安全改善

省エネ・環境改善

目で見る管理

33 スペースを有効活用した L字形コロコン

作品名：シャニ・カマエル

からくり

リンク機構を駆使し、デッドスペースを有効活用した部材箱供給・排出を実現した。

使った材料

アルミフレーム

制作者

マレリ㈱　児玉工場
技術チーム　山口 優

制作費用

9万8000円

改善の概要&問題点

　毎分5個消費する部材は1箱15個入りである。スペースの問題によりコロコンが延長できず、3箱しかストックができないことで、供給遅れによるチョコ停が発生していた。そこでコロコン脇のスペースに着目し、コロコンをL字形に延長とすることでコロコンの長さを確保し、ストック数を増やすことを考えた。

改善前

　通路があり、通常の方法ではコロコンの延長が不可能だった。しかし、作業台の裏はデットスペースが存在していた。

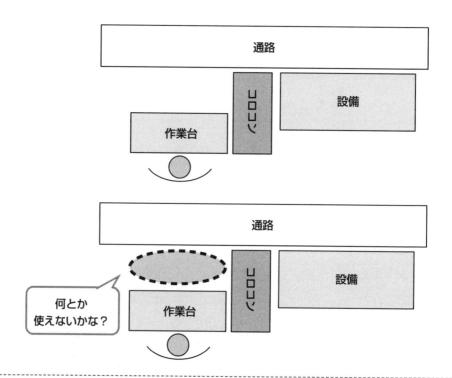

改善後

デットスペースを有効活用してコロコンのストック部を延長した。90°曲がる
部分には、作業者がチルトしたときに連動して動く仕掛けとした。

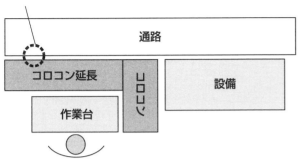

改善のメカニズム

空箱を上段コロコンに投入後、チルト部分を手前に引くことで新しい箱が供給される。
作業が進んでチルトすると空箱が排出される。

ヒンジコネクタ

コロコンローラー

スライドコネクタ

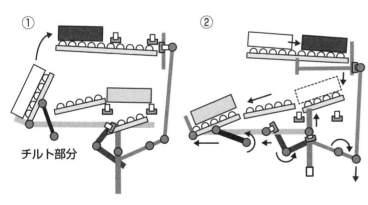

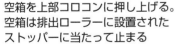

① 空箱を上部コロコンに押し上げる。空箱は排出ローラーに設置されたストッパーに当たって止まる

② チルト部分を手前に引くとリンクが連動し、箱を持ち上げて供給する。空箱はストッパーが下がり排出待機位置に移動する。リンク連動して供給側ストッパーが動作する

③ 再びチルトすると、リンクにより供給ストッパーが戻り、供給待機位置に次の箱がスライドする。空箱は上昇した排出ローラーによって排出コロコンにスライドする

苦労したこと

からくりのリンク機構を設計するのに手間どった。

改善の効果

ストック数が倍近くになり、部品不足によるチョコ停が少なくなった。

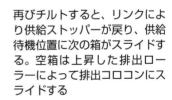

生産性向上・作業改善（行動改善）

生産性向上・作業改善（搬送）

生産性向上・作業改善（省人）

工具改善

自社開発機器

安全改善

省エネ・環境改善

目で見る管理

34 設備の動きを利用して部品を昇降フックに掛ける

作品名：えぇSねぇ

からくり

部品を高い位置に引っ掛ける作業を、からくり昇降装置によって廃止する。

使った材料

鋼材、丸棒、パイプ、滑車、リニアガイド

制作者

㈱三五
製造エンジニアリング部内製課　温 兴文

制作費用

0円（端材利用）

改善の概要&問題点

　乾燥工程の右上段に、工程間搬送用の昇降フックに部品を掛ける作業がある。しかし、昇降フックの位置が高い（1.8m）ことに加え、乾燥機のシャッターが下がっているときしか部品を掛けることができない、などの問題があった。

改善前

　作業の流れとしては、①シャッターが上昇（設備の動き）、②乾燥工程完了品を左手でとる、③右手の洗浄完了品を乾燥工程にセット、④起動スイッチを入れる、⑤シャッターが下降（設備の動き）、⑥フック引っ掛け位置が現れる（設備の動き）、⑦部品をフックに掛ける、というものだった。

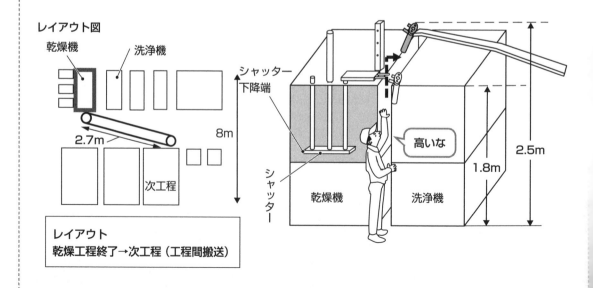

レイアウト図

乾燥機　洗浄機

シャッター下降端

シャッター

2.7m　8m

次工程

高いな

2.5m

1.8m

乾燥機　洗浄機

レイアウト
乾燥工程終了→次工程（工程間搬送）

改善後

シャッターが上昇しているときに部品を掛けることができるようにし、部品をシュートに投入する機構を新たに考案した。

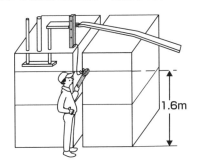

1.6m

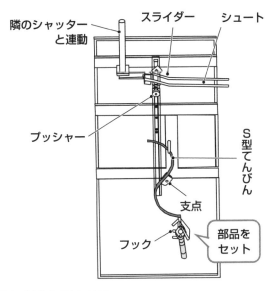

隣のシャッターと連動　スライダー　シュート

プッシャー

S型てんびん

支点

フック

部品をセット

改善のメカニズム

支点を中心に、てんびんとてこを用い、部品を自動上昇させる。

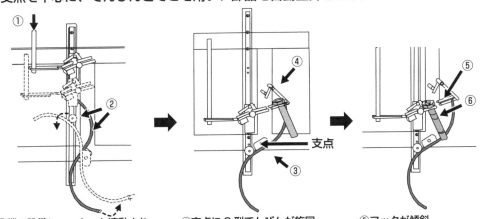

支点

① 隣の設備シャッターと連動され下降している
② プッシャーがS型てんびんを押す

③ 支点にS型てんびんが旋回
④ 部品がスライダーまで旋回上昇

⑤ フックが傾斜
⑥ 部品がスライダー側に流れる

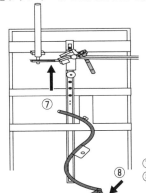

上昇中は右上がりになっている

⑦ スライダーが上昇
⑧ S型てんびんが原位置に戻る

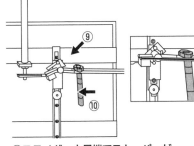

⑨ スライダー上昇端でストッパーがはずれて傾斜がつく
⑩ 部品がシュートに流れる

苦労したこと

部品を掛けるスライダーの製作と、部品が流れる傾斜角度を決めるのが難しかった。

改善の効果

・やりづらくて気を遣う作業を廃止

生産性向上・作業改善（作業改善）

生産性向上・作業改善（搬送）

生産性向上・作業改善（治具）

工具改善

自社開発機器

安全改善

省エネ・環境改善

目で見る管理

35 変動ウエイトを使いスピードを調整できるシュート台

作品名：マルチスピード自動搬送シュート

からくり

部品を乗せると、勝手に搬送され戻ってくる。変動するウエイトによりスピード調整が可能。

使った材料

紐、滑車、ウエイト、アルミパイプ、リニアスライダー

制作者

マツダ㈱　防府工場中関地区
第4パワートレイン製造部　山本竜汰

制作費用

1万5000円（部品代）

改善の概要&問題点

　バルブボディを搬送するローラーシュート台上で、シュート台ガイドバーやローラーに部品が干渉し、キズや切りくずが発生して部品に付着する。また、途中のシュート台上で引っ掛かり、部品が停止する問題があった。

改善前

　バルブボディ組付工程で、工程間をローラーシュートで搬送していた。シュート上には2枚で1セット、計3セットのバルブボディを自重で流していたが、途中で引っ掛かったりキズや打痕がついたりすることがあった。

バルブボディ組付面がガイドバーに干渉し、キズや打痕がつき、ゴミが発生

シュートローラー接地面の形状が悪く、バルブボディが流れない

シュート台上に切りくずが発生している

切りくずやキズがつかないシュート台が安くつくれないか？
途中で引っ掛からないシュート台ができないかな？

改善後

　搬送方法をローラーシュート方式からリニアスライダー方式に変更し、2枚1セットの
バルブボディ置き台（パレット）式に変えた。バルブボディを置くと自重で搬送され、バル
ブボディをとるとウエイトによりパレットが自動で返却される。

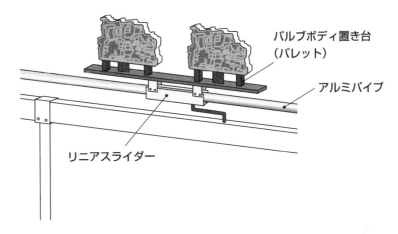

バルブボディ置き台
（パレット）

アルミパイプ

リニアスライダー

改善のメカニズム

　滑車を利用し、ウエイトを使ったからくり機構とした。ウエイトの重心位置が変わる
ことで、シュートの終端に近づくにつれて減速するようにしている。

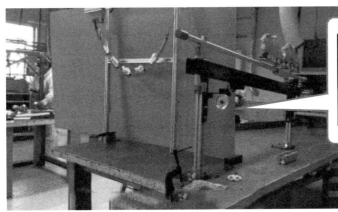

滑車を使って力の向きを変更

搬送シュート全体

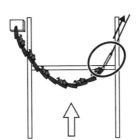

バルブボディを流すとウエイトが徐々に重くなり、スピードが落ちる

苦労したこと

動力源を使用せず、からくりで搬送スピード
の調整ができるように改善した。

改善の効果

・ゴミレス化（品質異常0件）
・バルブボディ引っ掛かり0件（作業性向上）

36 水圧調整でスピードを制御する無動力パレット返還機

からくり
水力を利用したウエイトで下降スピードを調整する。

使った材料
アクリルパイプ

制作者
トヨタ自動車九州㈱
車体部第2ボデー課

制作費用
200万円

改善の概要&問題点
部品の取り出し間口が広く、歩行距離が長い。また、パレット入れ替えゾーンでフォークリフトと作業者が接触する恐れがあった。

改善前
パレット台車にパレットを載せ、そこから作業者がワークを取り出す。部品がなくなると、パレット入れ替えゾーンまでパレット台車を移動する。リフトで部品の入れ替えをするが、タイムラグが発生するため同一部品を2パレット用意していた。

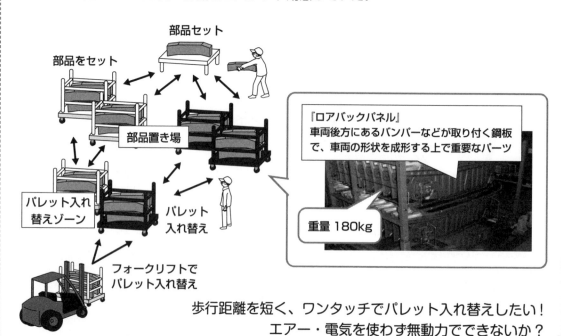

部品セット

部品をセット

部品置き場

パレット入れ替えゾーン

パレット入れ替え

フォークリフトでパレット入れ替え

『ロアバックパネル』
車両後方にあるバンパーなどが取り付く鋼板で、車両の形状を成形する上で重要なパーツ

重量180kg

歩行距離を短く、ワンタッチでパレット入れ替えしたい！
エアー・電気を使わず無動力でできないか？

生産性向上・作業改善（作業改善）

生産性向上・作業改善（搬送）

生産性向上・作業改善（治具）

工具改善

自社開発機器

安全改善

省エネ・環境改善

目で見る管理

改善後

　足踏み操作のみで実空パレットの返還ができるシューターを製作した。パレットが空になると、作業者はペダルを踏んでシューターに流す。するとリフターが上昇し、上段シューターから新しい実パレットが流れ込み、リフターが下降する。

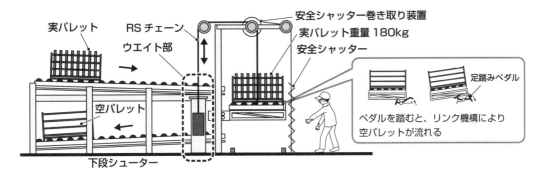

実パレット　RSチェーン　安全シャッター巻き取り装置
ウエイト部　実パレット重量 180kg
安全シャッター
空パレット
下段シューター
足踏みペダル
ペダルを踏むと、リンク機構により空パレットが流れる

改善のメカニズム

　水圧調整機構がついたウエイトを採用して、リフター上昇時のスピードを調整している。また、リフターの上下動に連動するシャッターとパレット切り出しストッパーを設け、安全性を確保した。

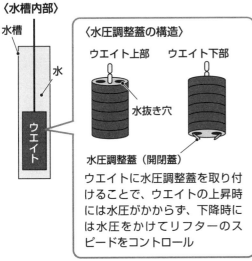

〈水槽内部〉
水槽
水
ウエイト

〈水圧調整蓋の構造〉
ウエイト上部　ウエイト下部
水抜き穴
水圧調整蓋（開閉蓋）
ウエイトに水圧調整蓋を取り付けることで、ウエイトの上昇時には水圧がかからず、下降時には水圧をかけてリフターのスピードをコントロール

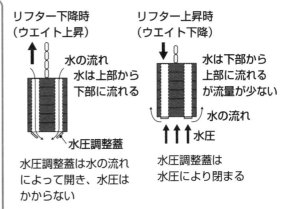

〈水圧調整蓋の動作原理〉
リフター下降時（ウエイト上昇）
水の流れ
水は上部から下部に流れる
水圧調整蓋
水圧調整蓋は水の流れによって開き、水圧はかからない

リフター上昇時（ウエイト下降）
水は下部から上部に流れるが流量が少ない
水の流れ
水圧
水圧調整蓋は水圧により閉まる

〈切り出しストッパー〉

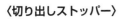
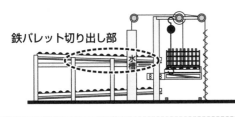

鉄パレット切り出し部
水槽

切り出しストッパーの仕組み

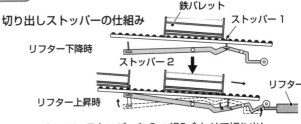

鉄パレット　ストッパー1
リフター下降時
ストッパー2
リフター上昇時
リフター
・シーソーストッパーを2つ組み合わせて切り出し、ストッパーとしての機能を持たせている

苦労したこと

アクリルパイプとウエイトの隙間を決め、水圧を調整するのが難航した。

改善の効果

・無動力化による製作費低減
　500万円 → 200万円
・無動力化によるランニングコスト削減
・歩行・入れ替え工数低減

37 エレカに乗ったまま実／空台車の 入れ替えができるシューター

作品名：一筆書きシューター

からくり

エレカの走行する力を利用してリフターを動かし、実台車と空台車を入れ替える。

使った材料

ウエイト、テグスワイヤー、ガイドローラー

制作者

トヨタ自動車九州㈱
組立部組立設備課

制作費用

100万円

改善の概要＆問題点

ラジエター供給台車の実／空入れ替え作業時に、供給台車が大きいため台車入れ替え時の取り回しが困難（台車押し引き荷重最大：35kg）だった。また作業中に物流通路を遮るため、他の産業車両通行の妨げになっている。

改善前

作業者は供給台車を通じて供給されたラジエターを取り出し、車両に組み付ける。エレカの運転手は、工程に到着するとエレカから降りて、空の台車をラインサイドから外へ移動する。そして、空の台車を出し終えると、実台車をラインサイドに移動していた。

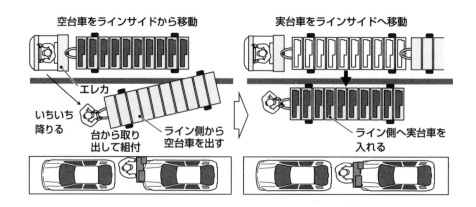

空台車をラインサイドから移動

実台車をラインサイドへ移動

エレカ

いちいち降りる

台から取り出して組付

ライン側から空台車を出す

ライン側へ実台車を入れる

エレカ作業者の作業負荷を軽くしたい！
乗り降りせずラジエターを供給できないか？

改善後

　供給台車が到着すると自動で実パレットを搬入し、空パレットを搬出するシューターを製作した。これにより、作業者がエレカから降りることなく台車の入れ替えを可能にした。

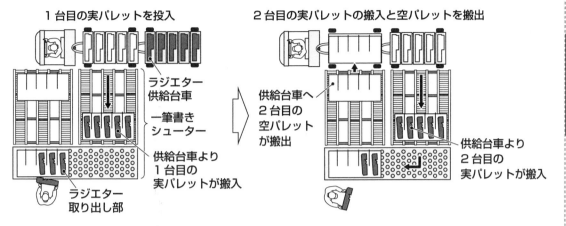

1台目の実パレットを投入

ラジエター供給台車

一筆書きシューター

供給台車より1台目の実パレットが搬入

ラジエター取り出し部

2台目の実パレットの搬入と空パレットを搬出

供給台車へ2台目の空パレットが搬出

供給台車より2台目の実パレットが搬入

改善のメカニズム

　エレカの直進により、シューターの傾斜バーが作動して台車のローラーが押し下がる。これでテーブルに傾斜がつき、実パレットがシューターに搬入される。同時にエレカの直進で昇降テーブルのウエイトを巻き上げ、その開放でテーブルを上昇させ空パレットを搬出する。

ポイント①: 可動式傾斜バーと傾斜機能付台車

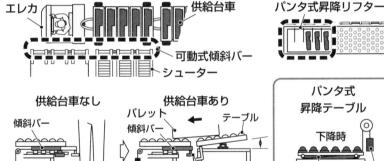

エレカ

供給台車

可動式傾斜バー

シューター

供給台車なし

傾斜バー

ウエイト

台車がないときは傾斜バーは後退させ、通路上の妨げにならないようにしている

供給台車あり

パレット

傾斜バー

テーブル

ローラー

台車進入で傾斜バーが前進し、台車のローラーが押し下げられてテーブルが傾斜。台車が退出後はウエイトの力で傾斜バーが後退する

ポイント②: パンタ式昇降テーブル

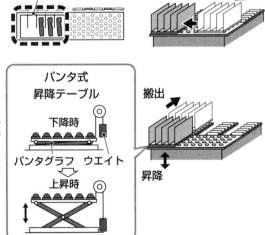

パンタ式昇降リフター

搬入

パンタ式昇降テーブル

下降時

パンタグラフ　ウエイト

上昇時

搬出

昇降

エレカの走力でウエイトが巻き上げられ、そのウエイトの力で昇降テーブルを上昇させる

苦労したこと

エレカから降りず、一連の作業ができる仕組みを考えるのに苦労した。

改善の効果

・順立台車の実／空の入れ替え作業の廃止（作業負荷軽減）
・降車の必要性がなくなったほか、他の産業車両の通行の妨げをなくすことができた

生産性向上・作業改善（作業改善）

生産性向上・作業改善（搬送）

生産性向上・作業改善（治具）

工具改善

自社開発機器

安全改善

省エネ・環境改善

目で見る管理

38 | AGVの到着と同期して実/空箱を自動供給

作品名：New トントン

からくり

ウエイトの重力を動力とし、シューターの実箱と空箱の入れ替えを行う。

使った材料

ウエイト、アクリルパイプ、テグスワイヤー

制作者

トヨタ自動車九州㈱
組立部組立設備課

制作費用

150万円

改善の概要&問題点

　箱に部品をセットする工程から次の工程に箱を送るため、AGVを使って搬送していた。AGV到着のタイミングで人が空箱を引き取り、実箱をAGVに乗せる作業だった。このとき、AGV到着のタイミングが合わず手待ちになったり、積み込みが遅れたりする問題があった。

改善前

　人手による箱の入れ替え作業の改善に際し、自動化設備の製作を検討した。しかし、従来の考え方では電気やエアーを使用した設備製作が前提となり、制御のためにセンサーや操作盤、制御盤が、また箱搬送のためにシリンダーやコンベアが必要で、コスト負担が大きかった。

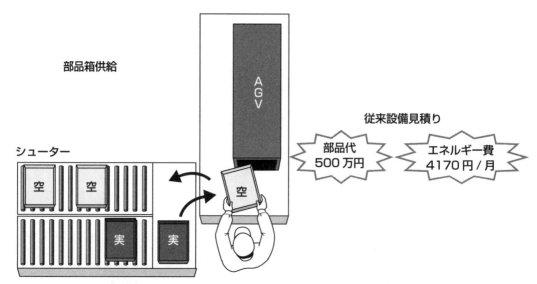

部品箱供給

シューター

空　空

実　実

AGV

従来設備見積り

部品代
500万円

エネルギー費
4170円/月

電気制御シューターと同じ動作を無動力でできないか？
AGVの走行する力を利用できないか？

改善後

AGVが到着すると、自動で箱の入れ替えができる無動力設備を考案した。

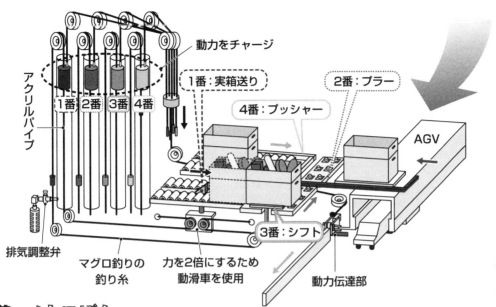

動力をチャージ

1番：実箱送り

2番：プラー

4番：プッシャー

AGV

アクリルパイプ

1番 2番 3番 4番

3番：シフト

排気調整弁

マグロ釣りの釣り糸

力を2倍にするため動滑車を使用

動力伝達部

改善のメカニズム

　AGVの推進力を位置エネルギーに変換するウエイト落下方式を採用している。具体的には、AGVが走行してきたときに、ウエイトを持ち上げて力を保存する。その後、ウエイトを順番に落とし、ウエイトが落ちる力で各部位を動かす。

ウエイトの順次動作

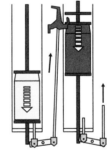

ウエイトの下降端で爪を押し上げ、次のウエイトが下降する仕組み

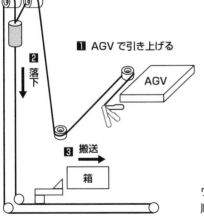

1 AGVで引き上げる

2 落下

3 搬送

AGV

箱

前進 引込 横行 押出
① ② ③ ④

ウエイトを4つ持ち上げ順番に落下させて箱を搬送

空　　空

実　　実

① ② ③ ④

重りを引っ張って持ち上げる　→　順番に落とす　→　箱を運ぶ

苦労したこと

ウエイトの落下タイミングを調整し、動作をつなげて行くのに苦労した。

改善の効果

・シューター製作費
　500万円→150万円（350万円低減）
・無動力のためランニングコスト
　4170円/月の削減

生産性向上・作業改善（作業改善）

生産性向上・作業改善（搬送）

生産性向上・作業改善（品質）

工具改善

自社開発機器

安全改善

省エネ・環境改善

目で見る管理

39 てこの原理で安全・安心・楽ちん化

作品名：安さん、楽さん、助けておやりなさい

かⓇⓀくり
てこの原理と滑車を用い、750kgある金型を成形機へ移載する。

使った材料
アルミフレーム、チェーン、ワイヤー、ベアリング、自転車用ブレーキ

制作者
アイシン精機㈱　半田工場
製造G

制作費用
5万円

改善の概要&問題点
重量750kg、温度140℃の金型交換は、女性作業者の力では難しい。さらに、ローラー部で手のはさまれや火傷の恐れがあった。スペースも狭く、男性でも重労働な作業だった。

改善前
成形金型は重くて熱く、手がはさまれたり火傷したりする危険が常につきまとった。

金型温度
140℃

危ない！

金型重量
750kg

改善後

成形金型に触れずに段取り替えができる搬送装置を考案した。

改善のメカニズム

レバー操作によりロッドを伸ばして金型を押し出す。握っていないと動作しない安全機構も組み込んだ。

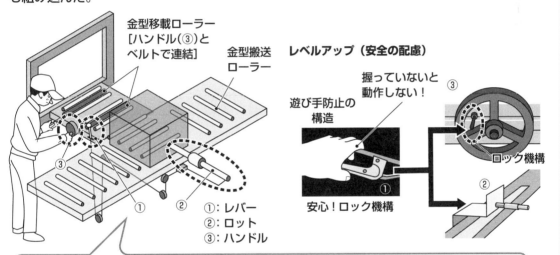

金型移載ローラー
[ハンドル（③）とベルトで連結]

金型搬送ローラー

レベルアップ（安全の配慮）

握っていないと動作しない！

遊び手防止の構造

③

ロック機構

安心！ロック機構

①
②

①：レバー
②：ロット
③：ハンドル

①レバーを引く　②ロッドが伸びて金型が押される

③ハンドルを回すと、ローラーが回転して金型が送られる

楽々！（てこの原理・滑車）

お助けハンドル

苦労したこと

狭いスペースでのからくりの構築や、遊び手を防止する安全機構を工夫した。

改善の効果

・金型段取り替え時間の短縮
・誰が作業しても同じ時間でできる
・不安全作業の廃止
・災害リスク低減

生産性向上・作業改善（作業改善）

生産性向上・作業改善（搬送）

生産性向上・作業改善（治具）

工具改善

自社開発機器

安全改善

省エネ・環境改善

目で見る管理

40 効率的なライン搬送と作業者の安全な往来を両立

作品名：おぉ！そこっ！搬送ないって！

からくり

手でワークを押すと、滑車とワイヤーを介して開いたコンベア同士が寄り合ってつながる。

使った材料

滑車、ワイヤー

制作者

マツダ㈱　改善サークル一同
リーダー　山本智規

制作費用

6万3000円（材料費）

改善の概要&問題点

　手動搬送ラインの一部に、作業者の横断を確保するため開閉可能な旋回式の可動コンベアが設置してある。横断の頻度が高く、そのたびに開閉操作を余儀なくされている。「開いた際に通路をふさぎ、歩行する作業者と衝突する危険性」「閉める際に手をはさまれる危険」「閉め忘れによる運搬作業の中断」「開閉作業の手間」など標準作業を阻害する要因を多く抱えていた。

改善前

　開閉時の危険リスク低減と、作業効率向上ため、ワークを押す力を利用した半自動の伸縮式可動コンベアを製作した。

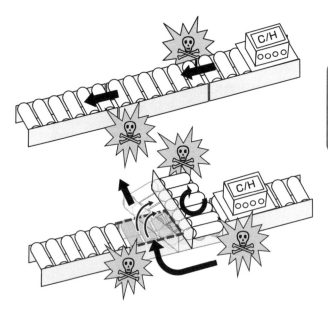

ん～…何かこう…作業者が安全で、移動がスムーズでストレスなく、えぇ感じにならんかのぉ…極力シンプルで…半端ない感じで…

生産性向上・作業改善（作業改善）

生産性向上・作業改善（搬送）

生産性向上・作業改善（治具）

工具改善

自社開発機器

安全改善

省エネ・環境改善

目で見る管理

改善後

　ワークが流れてきたときだけコンベアが出現し、ワークが通過すればオープンになるようなラインにすればいいことに気づいた。こうすれば作業者がラインをくぐって通る必要もなくなり、腰を痛めたりぶつかったりする危険もなくなる。

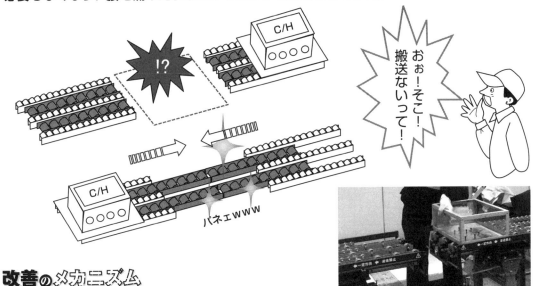

改善のメカニズム

　左右のローラーコンベアの引き出しの動きを同期させ、突き合わせ位置でソリを受け渡す。ストッパーとロックを連動させ、安全性も確保した。

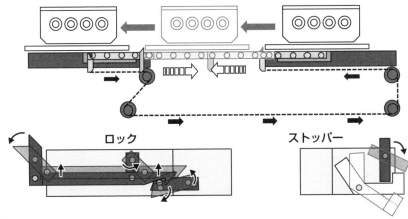

メカニズム
①ストッパーがソリに引っ掛かり、ワークの動きに追従してローラーコンベアが引き出される
②左右のローラーコンベアは滑車を介してワイヤーで連結されているので、同じタイミングで動き出す
③左右のローラーコンベアが突き合わさる位置まで移動すると、引っ掛かっていたストッパーは解除され、そのタイミングでロックが入る
④ソリが右から左へ完全に乗り移ったタイミングでロックが解除され、次のストッパーにソリが引っ掛かる
⑤左右のローラーコンベアはワークの動きに追従して引き戻され、定位置まで戻ったところでストッパーが解除される

苦労したこと

限られたスペース（コンベア幅の中）で、からくり機構をシンプルに確実に機能させること。

改善の効果

開閉時間	15秒／回	→0
開閉回数	12回／直	→0

41 搬送レーンへの投入箱の持ち上げ &押し上げ作業を廃止

からくり

ゴムベルトとローラーの工夫で、搬送作業の負荷を低減する。

使った材料

イレクターパイプ、プラコン、ゴムバンド、PPバンド、両面テープ

制作者

マツダ㈱　防府工場
第4車両製造部第2組立課　山根尚美

制作費用

6万円

改善の概要&問題点

　重量5kgのキット箱を作業レーンから搬送レーンまで0.9m持ち上げる重筋作業があった。この持ち上げ作業をなくすため、中間に傾斜レーンを設ける改善を行った。ただし、傾斜レーン上に押し出し在庫が5箱必要で、押し出す力も必要となった。作業時間も1台につき0.05分かかった。

改善前

　搬送レーンが傾斜だけで流れるようにしてあり、30m先の工程へ確実に送り込むため、スタート地点でセットされた箱を玉突きのように1つずつ、1日500回繰り返し押し上げていた。女性や年配の作業者はこの工程の作業ができない。

傾斜にある、5kg/箱×5箱を押し上げる作業が発生！

傾斜レーンを追加！

改善後

　順序付け工程でキット箱を押すと、傾斜前のセット完了した箱がゴムベルトと追従して傾斜を昇って行くようにした。途中で停止しても、逆戻りしない仕掛けを盛り込んだ。

順序付け工程のキット箱を押しながら移動

セット完了のキット箱が傾斜を昇って行く

改善のメカニズム

ゴムベルトと脱線防止カムの採用、ローラーの逆回転落下防止機構により実現した。

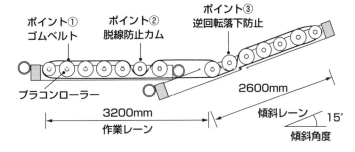

ポイント① ゴムベルト
ポイント② 脱線防止カム
ポイント③ 逆回転落下防止
プラコンローラー
2600mm
3200mm
作業レーン
傾斜レーン
15°
傾斜角度

ポイント 1 　摩擦力と伸縮を抑えたゴムベルトの制作

平ゴムを利用し、箱底面との摩擦力を上げることで、①押すときの箱とベルトのすべり防止、②傾斜からのすべり落下の防止を実現した

キット箱底面
平ゴム
PPバンド
プラコンローラー

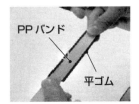

PPバンド
平ゴム

ポイント 2 　ベルト脱線防止カム取付

径の小さいローラーを定間隔で取り付けることでベルトの直進性を上げた

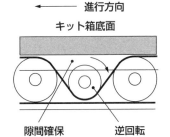

進行方向
キット箱底面
隙間確保
逆回転

脱線防止カム

ローラー径を替えて、箱底の当たり抵抗をなくした（同じ径のローラーだと、逆回転するためブレーキになる）

ポイント 3 　傾斜レーンでの逆回転防止

脱線防止カムへゴムラバーの貼付による転がり摩擦抵抗 UP と、定量定間隔へ取り付けることでベルトテンションにより逆回転を防止した

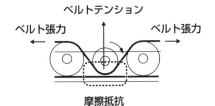

ベルトテンション
ベルト張力
ベルト張力
摩擦抵抗

ベルトの張力により、上方向への力と脱線防止カムのラバーとの転がり摩擦抵抗が上がり、逆回転の落下を防止

すべり力
$F = mg \times \sin\theta = 49 \times \sin 15 \fallingdotseq 12.7$ (N)

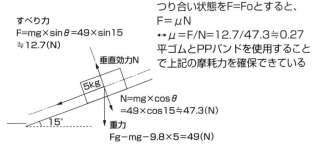

垂直効力N
5kg
$N = mg \times \cos\theta = 49 \times \cos 15 \fallingdotseq 47.3$ (N)
15°
重力
$Fg - mg - 9.8 \times 5 = 49$ (N)

最大静止摩耗力 $Fo = \mu N$
つり合い状態を $F = Fo$ とすると、
$F = \mu N$
$\leftrightarrow \mu = F/N = 12.7/47.3 \fallingdotseq 0.27$
平ゴムとPPバンドを使用することで上記の摩耗力を確保できている

苦労したこと

ゴムベルトが脱線することと、ゴムベルトが伸びてうまく力が伝わらないことが課題だった。

改善の効果

・セットした箱を押し上げる作業の削減
・箱の押し上げ作業を軽減（女性や年配作業者でも行えるようになった）

生産性向上・作業改善 作業改善
生産性向上・作業改善（搬送）
生産性向上・作業改善（点検）
工具改善
自社開発機器
安全改善
省エネ・環境改善
目で見る管理

42 前処理薬品補給に関わる災害リスクの最小化

作品名：Rak Tok（楽徳）

からくり

電動ドライバーを利用したポリタンクの搬送と、重力を利用した溶剤の半自動補給を実現。

使った材料

SUSフレーム、鉄、ローラーコンベアなど

制作者

豊田自動織機㈱　長草工場
製造部塗装課　松下 聡

制作費用

50万円

改善の概要&問題点

　ポリタンクを台車に載せて通路を通り、薬品倉庫まで搬送する。定期的に補給タンクに供給している。歩行者が搬入台車と接触する恐れに加え、不安定な姿勢でのポリタンク入れ替え作業（腰を痛める可能性）、不安定な姿勢での補給タンクへの補給作業（溶液がこぼれる可能性）などの問題があった。

改善前

　狭い通路を長い距離運ぶことで人との接触の危険があることや、作業自体も姿勢が不安定できつかった。

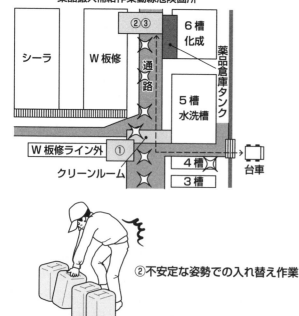

薬品搬入補給作業動線危険箇所

②③ 6槽 化成
シーラ　W板修　通路　薬品倉庫タンク
5槽 水洗槽
W板修ライン外 ①　4槽　台車
クリーンルーム　3槽

②不安定な姿勢での入れ替え作業

①搬入台車との接触の恐れ

③不安定な姿勢での補給作業

生産性向上・作業改善（作業改善）

生産性向上・作業改善（搬送）

生産性向上・作業改善（治具）

工具改善

自社開発機器

安全改善

省エネ・環境改善

目で見る管理

改善後

空きスペースに全長16mのコンベアとシューターを設置し、ポリタンクを工程に直接搬送を可能にした。さらに、からくり自動補給装置を製作してタンクに補給できるようにした。ルート上での干渉はなくなり、不安定な姿勢でのポリタンク入れ替えと補給作業がなくなった。

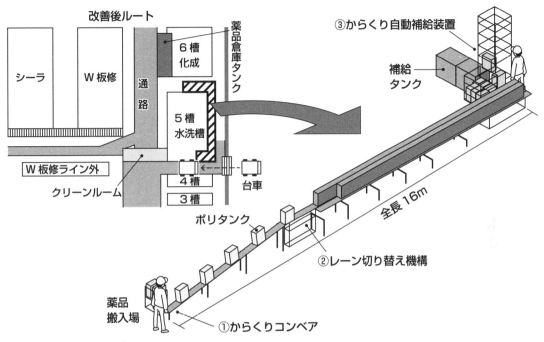

改善のメカニズム

コンベアの動力は電動ドライバーを増幅し、補給装置は重力を活用している。

①電動ドライバーの力をスプロケットで増幅させて、コンベアでポリタンクを直接搬送

②薬品搬入場から紐でレーン切り替えでき、2レーン使用することで収容数を確保

③からくり自動補給装置で「人の動作」を再現し、溶液を補給

①からくりコンベア
作業者が電動ドライバーをグリップすることで上下コンベアを駆動

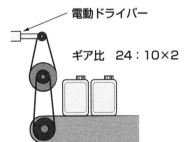

電動ドライバー

ギア比　24：10×2

②レーン切り替え機構
薬品投入場から作業者が紐を引くことで切り出し方向を変換

コンベアの中間で方向を切り替える

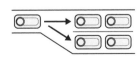

③からくり自動補給装置
装置上方にポリタンクを持ち上げ落下しようとする力（重力）でポリタンクを旋回・反転

ポリタンク20kgの重量を利用傾斜、回転させ、補給

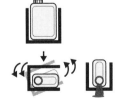

苦労したこと

工場内の狭いスペースを活用し、最小限の動力を用いて製作できた。

改善の効果

・リスクレベルⅢ→リスクレベルⅠ
（当社評価基準）

・工数低減：22.38時間/月
（3人から2人に省人）

43 加工治具・基準書・かんばん・部品の一発同時切り替え

からくり
チェーンでギヤを駆動させ、すべての構造を同時に動かす。

使った材料
アルミ押出チューブ、チェーン、ギヤ、PU発泡廃棄材をリサイクル、トレーフランネル

制作者
豊裕股份有限公司
製造部改善G　黄 柏書

制作費用
3万5000元（台湾元）

改善の概要&問題点
　多品種少量生産により、治具交換の際にかんばん・基準書・構成部品などの交換が多く、置き場所でスペースを費している。また交換内容が多く、間違い防止のために何回も確認しなければならなかった。そこで誰でも一発で、間違いなく治具・かんばん・基準書・部品が交換できる多動作機構を組み込みたかった。

改善前
1品番を交換するのに約7分もかかっており、誤品チェックも必要だった。

組付加工台

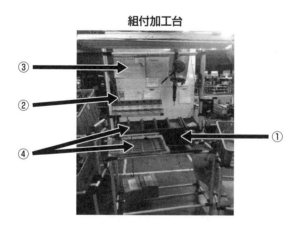

段取り替えする内容

No.	項目	内容
①	組付治具	品番交換の都度、製品形状に合った治具への交換
②	かんばん	次に生産するかんばんを挿す
③	基準書	次に生産するのに必要な検査基準書への交換
④	構成部品	色ペン、クリップ（黄・赤・白）・構成部品への交換

生産性向上・作業改善（作業改善）

生産性向上・作業改善（搬送）

生産性向上・作業改善（治具）

工具改善

自社開発機器

安全改善

省エネ・環境改善

目で見る管理

改善後

ワンタッチで治具の交換と、それに連動してかんばん・基準書・部品が同時に交換される回転式組付加工台を製作した。

かんばん
（六面式）

基準書
（六面式）

色ペン
（回転式）

組付治具
（六面式）

クリップ
（回転式）

改善のメカニズム

傘歯車やチェーンの活用により、回転治具を回すとすべてが連動して動く。

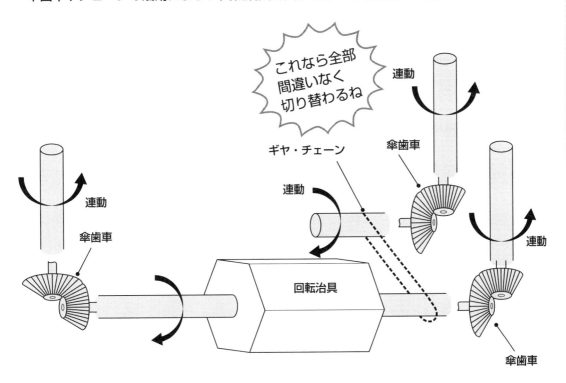

これなら全部間違いなく切り替わるね

連動

傘歯車

ギヤ・チェーン

連動

連動

連動

傘歯車

傘歯車

回転治具

傘歯車

苦労したこと

回転治具を中心として、同時に4カ所も連動して動かすのにギヤ・チェーンの調整が大変だった。

改善の効果

・段取り替え工数削減（7分→10秒/回）
（5カ所を同時切り替え）
・治具、部品置き場のスペース削減

44 置いて飛び出る受け台治具レス

からくり
蝶番・引きばねの特性を活かし、シーソーの動きを利用した。

使った材料
引きばね、溶接用蝶番、塩ビパイプ、MCナイロン、鉄

制作者
㈱テイ・エス・メカテック　津出張所
珎道和真（ナブテスコ㈱津工場勤務）

制作費用
2200円

改善の概要&問題点
　洗浄工程でワーク（4kg／枚）同士の間に受け台を入れ、ワークに付着している油を洗浄する作業がある（作業回数：420回／日）。常に片手作業で、受け台を使う動作のムダとして手扱い頻度が多く、置き場が決められていない。洗浄工程は手搬送が多く発生し、体力の負担も大きい。

改善前
受け台治具を使ってワークを2枚セットし、洗浄していた。

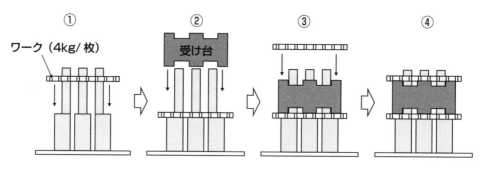

ワーク（4kg/枚）　受け台

【作業流れ】
①1段目にワークをセット
②受け台治具をセット（ワーク同士に隙間をつくる）
③2段目にワークをセット
④完了

【問題点】
○受け台治具使用による動作のムダ
○常に片手作業（体力の負担）
○手扱い頻度が多く、置き場が定められていない

改善後

2段目の受け台が自動で飛び出す仕組みを考案した。

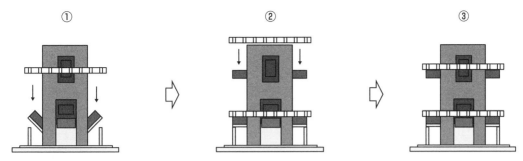

① ② ③

【作業の流れ】
①1段目にワークをセット ※ワークの自重で2段目の受け台が自動で"飛び出る"
②2段目にワークをセット
③完了

【改善点】
○受け台治具排除による作業性 up
○取り出し時、2枚のワークを持ち同時に取り出し可能
○一体式のため受け台不要

改善のメカニズム

　未使用時は引きばねにより、蝶番に取り付けられている受け台を引っ張ることで、受け台を収納している。使用時は1段目に重さを掛けることで蝶番が動き、収納されていた受け台が"飛び出る"。

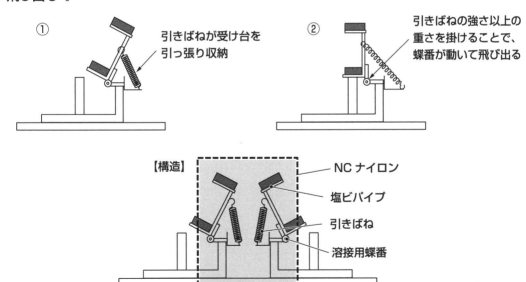

① 引きばねが受け台を
引っ張り収納

② 引きばねの強さ以上の
重さを掛けることで、
蝶番が動いて飛び出る

【構造】
　NC ナイロン
　塩ビパイプ
　引きばね
　溶接用蝶番

苦労したこと

使用した材料の故障も考え、容易に交換できるようホームセンターで購入できる規格の材料で作製した。

改善の効果

・作業時間の短縮
　6.9秒/台→2.6秒/台で62%削減
・片手作業による身体の負担を軽減

生産性向上・作業改善　作業改善
生産性向上・作業改善（搬送）
生産性向上・作業改善（治具）
工具改善
自社開発機器
安全改善
省エネ・環境改善
月で見る管理

45 バイス台固定方法の時間短縮

作品名：いつでもロック

からくり
ねじ締め付け力によるバイス台の固定に、Tスロットボルト機構を応用した。

使った材料
ハンドル、寸切りボルト、アルミ板材など

制作者
日立金属㈱ 桑名工場
プラスチックグループ改善班 伊藤寿英、宮前 賢

制作費用
6万円

改善の概要&問題点
　ボール盤穴あけ作業の際、バイス台を固定するのに2カ所以上ボルト・ナットでバイス台を固定しないと、安全に穴あけ加工ができない。せっかく芯出しをしても、ボルト締め付け時にバイス台が微動し、芯ずれする場合がある。すると位置精度が悪くなるため、従来の芯出し～バイス固定作業に所要する時間に約5分かかっていた。

改善前
　芯出し後、バイス台をボルト・ナットで固定しないと安全に作業ができない。バイス台を固定するためにボルトを締めると、バイス台が動いて芯ずれする場合がある。

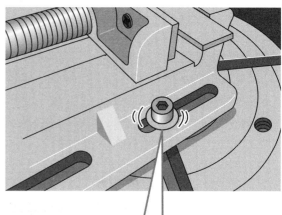

ボルト・ナットでバイス台を固定する

生産性向上・作業改善（作業改善）

生産性向上・作業改善（搬送）

生産性向上・作業改善（治具）

工具改善

自社開発機器

安全改善

省エネ・環境改善

目で見る管理

改善後

バイス台をワンアクションで確実に固定できる治具を開発し、バイス台の微動を
ゼロに抑えた。その結果、安全かつ効率良くできる穴あけ作業を実現した。

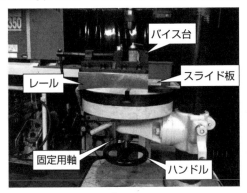

バイス台にレールを取り付け、固定用軸とスライド板
を連結させることで、テーブル下のハンドルを操作す
るワンアクションで固定ができる。下に引き込んで固
定する方法のため、バイス台が動くことがなく、芯ず
れしない

改善のメカニズム

ハンドルで固定ねじを締めると、スライド板がレールを⬇方向に押さえつける力で、
テーブルに固定できる。固定前のバイス台は、150mmの範囲で前後・左右・回転と
自在に動き、位置決めできる。

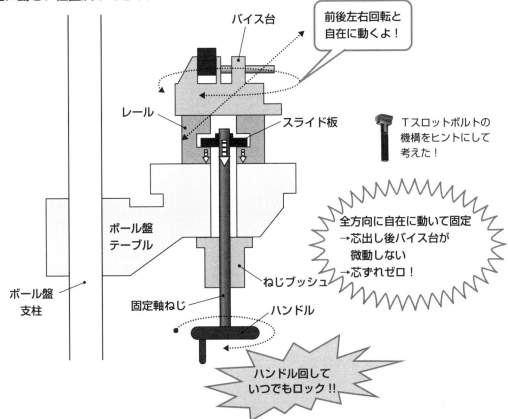

苦労したこと

バイス固定作業動作を少なくしつつ、既存
ボール盤の改造を最小限にした点と、バイス
固定板のあそび寸法を工夫した。

改善の効果

・改善前：芯出し〜バイス固定の所要時間は
5分/回
・改善後15秒/回　バイス固定時間は2秒

46 外観検査で全方向から自由に ワークを確認できる

作品名：万能検査台【らくかい？】

からくり
自在継手で360°目視検査が可能。スプリングで傾き過ぎをサポートする。

使った材料
シリンダー、ガイド、ガイドロッド、スプリング

制作者
㈱アルキャスト
D製造課　山田千明

制作費用
5万円

改善の概要＆問題点
　ワーク（約8kg）を作業台上で回転させながら外観検査を行っていた。1日数百台のワークを検査するため、外観作業者の負担が非常に大きかった。

改善前
　ねじ穴の内部を確認するため前傾姿勢となり、自分で蛍光灯の光を遮ってしまい、ねじ穴の奥が見えない。また、違う加工面（6面）を検査する際、重量8kgのワークを都度持ち替えなければならなかった。

検査作業（ハンドリング）が疲れるため、検査時間が一定にならない

改善後

目線の高さをほぼ変えずに、1台のワークの外観検査を可能にする治具（検査台）を製作した。

○からくりにより、5面を持ち替えることなく検査可能に！
○製品を自分の見やすい位置に動かすことができ、検査が楽で疲れない！
○検査時間が半分に短縮され、検査時間も安定化！

改善のメカニズム

テーブルが固定位置で安定した上にワークを載せ、上面・裏返し内側の確認ができる。
テーブルを上昇させてフリー状態で軽く手を添え、全方向からの確認が可能である。

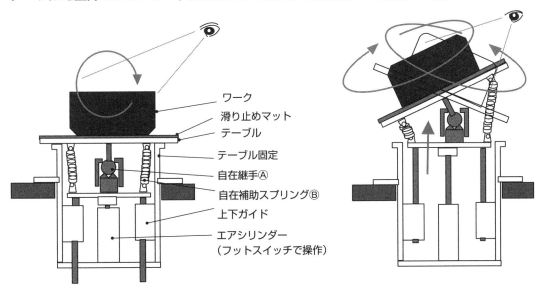

ワーク
滑り止めマット
テーブル
テーブル固定
自在継手Ⓐ
自在補助スプリングⒷ
上下ガイド
エアシリンダー
（フットスイッチで操作）

Ⓐの自在継手は高圧配管継手の'11/2 を利用しているため、キャップ側を閉め込むことで自在継手の重さが調整できる

Ⓑの自在補助スプリングは、テーブル傾斜時に傾斜し過ぎを保持し、3点のスプリングが常にテーブルを水平に保つ働きをしている

苦労したこと

検査台を狙った動きにするまで何度も試行錯誤をし、ばねなどの調整を繰り返した。

改善の効果

・検査負荷の大幅軽減
・検査時間の短縮（半減）および安定化

生産性向上・作業改善（作業改善）

生産性向上・作業改善（搬送）

生産性向上・作業改善（治具）

工具改善

自社開発機器

安全改善

省エネ・環境改善

目で見る管理

47 作業台の角度切り替えによる最適姿勢の実現

作品名：膝カックン

からくり
人の膝関節の動きを発想に、上下運動とロック機能を使って作業台の角度を切り替える。

使った材料
アルミフレームパイプ、アルミジョイント

制作者
マレリ㈱
モジュール生産技術部　影山晶宏

制作費用
2万2000円

改善の概要&問題点
　作業台での部品締付作業の際、手前側と奥側で目視位置や工具を合わせる動作をするときに、作業姿勢が大きく変化して作業性が悪い。

改善前
　部品締付作業時の問題として、「締付部が見づらい」「作業姿勢が悪い」「工具の取り回しが大きい」があった。

なんだか
やりづらいんだよなあ

生産性向上・作業改善（作業改善）

生産性向上・作業改善（搬送）

生産性向上・作業改善（治具）

工具改善

自社開発機器

安全改善

省エネ・環境改善

目で見る管理

改善後

作業台にシーソー機構を取り付けることにより作業姿勢が改善した。

足踏みペダルにて作業台の向きを変更できるようにした

改善のメカニズム

てこの働きを利用してロックをはずす「膝カックン」により、作業台の傾きを反転させている。

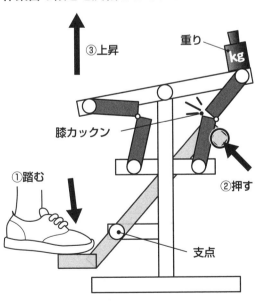

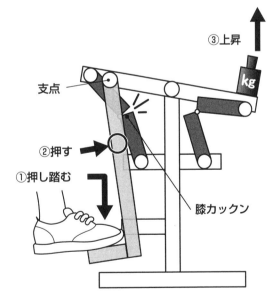

苦労したこと

ロックをはずす仕組みと、作業中の振動でロックがはずれない角度を探すのが大変だった。

改善の効果

姿勢にムダがなく、作業性が向上した。

48 フェルトを片手でぐるっと 360°簡単貼り付け

からくり
大小のローラーではさんで回転するだけで、位置ずれなく貼れる。

使った材料
アルミ板、大・小ローラー

制作者
豊田合成（佛山）汽車部品有限公司
林 建平、趙 婷

制作費用
500元

改善の概要&問題点
　手で製品を持ちながらフェルトを貼ると、位置ずれしやすいし、はみ出ないように気遣いしながら貼る必要があった。また、サイクルタイムが長い（13秒/回）。

改善前
　手で製品を持ちながら、決められた位置に貼るので位置ずれしやすく、気遣い作業のためサイクルタイムが長い。

① 手で製品を持ちながら、刻印に沿って貼り付ける

② 回転しながら面からはみ出ないように貼り付けていく

④ フェルトをきつく押さえる

③ フェルトの末端を貼り付ける

改善後

製品を回転させるだけで、フェルトを精度良く貼ることができた。

①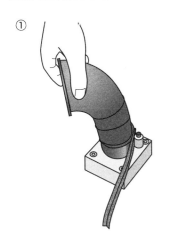

製品を治具に挿し、フェルトを
基準位置に貼る

②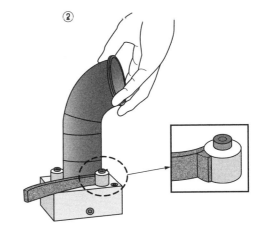

手で製品を回転すると、自動で
フェルトが巻き取られて貼り付く

改善のメカニズム

　製品の円周の長さに切られたフェルトを、大・小のローラー（回転治具）を使って
貼り付ける。

360°回転治具

360°回転治具

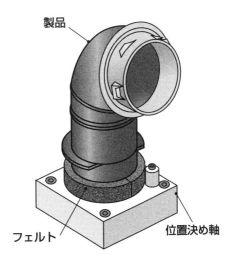

製品

フェルト

位置決め軸

苦労したこと

大・小ローラーの距離を調整するのに手間
どった。

改善の効果

・フェルトの貼り位置精度向上
・サイクルタイム　13秒→7秒/回の短縮

生産性向上・作業改善・作業改善

生産性向上・作業改善（搬送）

生産性向上・作業改善（治具）

工具改善

自社開発機器

安全改善

省エネ・環境改善

目で見る管理

49 ばね・てこによるゴム部品 自動組付装置

からくり

ばねとてこを使い、人の手の動きを機械的に再現して自動組付を可能にした。

使った材料

ばね、ローラー、シリンダー

制作者

アイシン精機㈱
設備工機部　佐々木隼平

制作費用

50万円

改善の概要&問題点

　製品組付工程で帯状のゴム部品を組み付ける際に、位置を合わせたゴムを引っ張りながらピン部分に差し込むという「カンコツ」の必要な作業があった。手組付のため作業者への負担が大きく、大変な作業であった。そこで、シリンダーの直線動作を動力とし、ばねとてこを使って組付を自動化した。

改善前

　ゴムとワークの位置合わせがしにくく、ゴムを引っ張りながら巻いていくのが難しい。また、手組付のため作業者の負担が大きかった。

◆ゴムブシュ組付作業

ゴムとワークの突起を合わせる

ゴムを引っ張りながら
ワークの溝に巻いていく

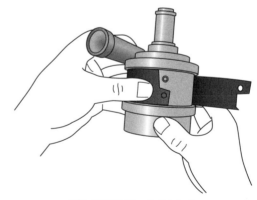

ゴムの穴をワークのピンに
はめ込む

改善後

動力がシリンダー1本の組付装置を製作した。

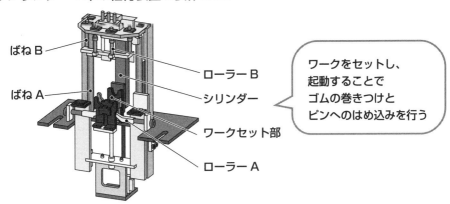

> ワークをセットし、
> 起動することで
> ゴムの巻きつけと
> ピンへのはめ込みを行う

改善のメカニズム

ばねとてこの働きによってゴムをピンに押し込んでいる。

①ワークをセットして起動

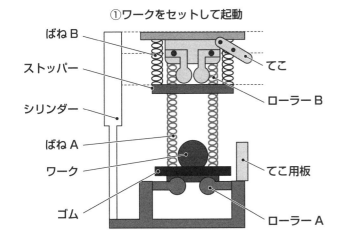

②シリンダーが上昇して
ワークがストッパーに当たる

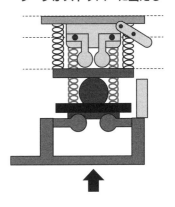

③ローラーAが上昇してゴムを巻きつける

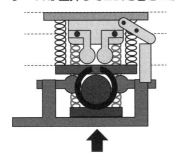

④ばねBが縮み、ストッパーが上昇する
ことでてこが動き、ローラーBに
よりゴムをピンへはめる

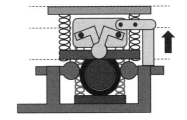

苦労したこと

確実にゴム部品を組み付けるための部品選定
に苦労した。

改善の効果

・サイクルタイム　29秒→20秒　9秒低減
・作業者の負担を低減

生産性向上・作業改善（作業改善）

生産性向上・作業改善（搬送）

生産性向上・作業改善（治具）

工具改善

自社開発機器

安全改善

省エネ・環境改善

目で見る管理

50 軟弱ベルトをまっすぐ確実に挿入する治具

作品名：けいするちゃん

からくり
長尺で軟弱なベルトを少しずつ手で挿入していた部品を、治具化で簡単に挿入する。

使った材料
チェーン、ガイドブロック

制作者
アイシン精機㈱
衣浦工場技術員室

制作費用
50万円

改善の概要＆問題点
　前工程で組まれた製品に軟弱な樹脂ベルトを手で挿入する際に、何度も持ち直しながら製品に挿入している。その際にベルトが折れたり、不良が発生したりしている。製品には右側と左側があり、方向を逆転させることで工数もかかっている。

改善前
手の感覚で確認しながら挿入する、専任の人に頼るラインとなっていた。

製品　　ベルト

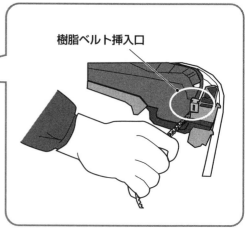

樹脂ベルト挿入口

※ベルト挿入口　　3×10mm
　ベルト長さ　　　1.5m

生産性向上・作業改善（作業改善）

生産性向上・作業改善（搬送）

生産性向上・作業改善（治具）

工具改善

自社開発機器

安全改善

省エネ・環境改善

目で見る管理

改善後

樹脂ベルトを整列してハウジングに一発挿入できる治具を製作した。

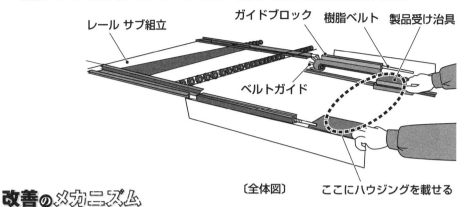

レール サブ組立 / ガイドブロック / 樹脂ベルト / 製品受け治具 / ベルトガイド / 〔全体図〕 / ここにハウジングを載せる

改善のメカニズム

ガイドに沿ってベルトが整列し、軟弱ベルトが折れることなく挿入される。

①樹脂ベルトをベルトガイドの先に
セットし製品受け治具を引っ張る

②ベルトガイド内に入る。製品の
ベルト入口とベルトの先端が同
じ位置となるようになっている

③そのまま製品を押し
一発挿入

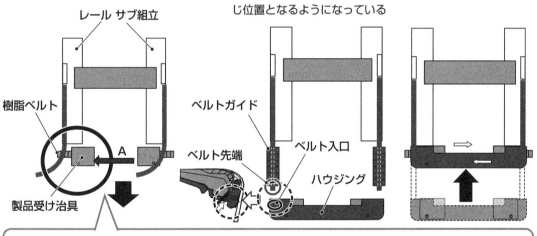

レール サブ組立 / 樹脂ベルト / A / 製品受け治具 / ベルトガイド / ベルト先端 / ベルト入口 / ハウジング

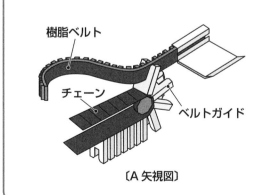

樹脂ベルト / チェーン / ベルトガイド / 〔A 矢視図〕

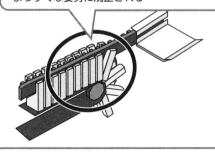

製品受け治具と樹脂ベルトガイドはチェーンで連
結されているため、ベルトガイドの溝にならって
まっすぐな姿勢に規正される

苦労したこと

少しでもベルト入口と軟弱ベルト先端とがず
れると、ベルトが折れるため位置合わせに苦
労した。

改善の効果

・ベルト折れ不良ゼロ
・工数低減

51 ナット溶接機の打点位置合わせを自動化

作品名：楽にナット～

からくり

アンチバック式のガイドに沿って動くテーブルと、ラック＆ピニオンを利用した回転機構。

使った材料

エアーシリンダー、ガイドローラー、ラック、ピニオン

制作者

トヨタ自動車九州㈱
車体部第1ボデー課

制作費用

50万円

改善の概要＆問題点

　ワークにナットを溶接する工程で、人がワークの位置を合わせ、起動ボタンを押すことでナットが溶接される。ナットの位置違いを防ぐためにゲージを使用するが、ワークとセットで重量2.3kgを片手保持したままボタンを押して溶接しており、腕や手首に負担が掛かっていた。しかも、日当たり1000回もやっていた。

改善前

　ワーク穴を基準ピンに挿し、起動ボタンを押してナットを溶接する（前後・上下の動き）。溶接後上に持ち上げ、手前に引く。2個目を溶接するためワークを移動（横の動き）する。溶接後にワークを180°回転させ、同様に3・4個目のナットを溶接する（回転の動き）。

基準ピン

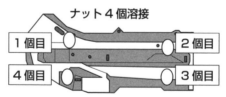

ナット4個溶接

| 1個目 | | 2個目 |
| 4個目 | | 3個目 |

ワーク総重量 2.3kg

改善後

　ワークをセットして起動ボタンを押すだけで、ナット溶接を自動で行う装置を開発した。従来の設備だと前後・上下・左右・回転の動きをつけるため4つのシリンダーを使用するが、からくりを利用して1個のシリンダーで自動化できた。

生産性向上・作業改善（作業改善）

生産性向上・作業改善（搬送）

生産性向上・作業改善（治具）

工具改善

自社開発機器

安全改善

省エネ・環境改善

目で見る管理

改善のメカニズム

「前後軸用ならいガイド」「8の字横軸ならいガイド」「回転テーブル」の3つの機構を採用。
これらを1個のシリンダーで連動させ、前後・上下・左右・回転の4つの動きが実現した。

ポイント①
前後軸用ならいガイド

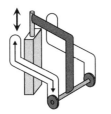

【人の動き】
ワークセット時、前進し
ながら下降
ワーク抜き時、上昇しな
がら後進

人の動きを1つのシリンダーで再現した
①シリンダー下降時、ワークは前進しながら下降
②シリンダー上昇時、ワークは上昇しながら後進

ポイント②
8の字横軸ならいガイド

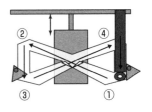

【人の動き】
1個目溶接後、横にワー
クを移動させて2個目の
溶接を行う

シリンダー縦の動きを横の動きに変換
①→②シリンダー上昇時、ワークは左に移動
③→④シリンダー上昇時、ワークは右に移動

ポイント③
回転テーブル

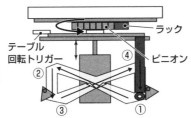

テーブル回転トリガー
ラック
ピニオン

【人の動き】
2個目溶接後、ワークを
回転させて3個目・4
個目の溶接を行う

テーブルの横・前後の動きを回転の動きに変換
②→③の位置でテーブル回転トリガーをたたき
ラック連動
③→④移動時に回転
④の位置でワーク跳ね出し後回転

★1連の動作説明

原位置

ポイント①

アンチバックで
上には上がれない

ポイント②

原位置でワークを乗せ起動ボタン
押してスタート

シリンダー下降でテーブル前進・下降
ナット1個目溶接

溶接後、シリンダー上昇でテーブル
後進・上昇ガイドに沿って左に移動

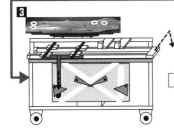

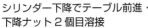

ポイント③

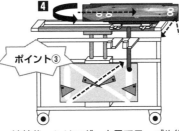

シリンダー下降でテーブル前進・
下降ナット2個目溶接

溶接後、シリンダー上昇でテーブル後
進・上昇ガイドに沿って右に移動。後
進の動きに連動したラック＆ピニオン
によりテーブルを回転

以後は■に戻ってナット3個目を溶
接し、■の動きを経て■でナット4
個目を溶接。■の原位置でワーク跳
ね出しと同時にロックがはずれ、ウ
エイトでテーブルが180°戻る

苦労したこと

シリンダー1本で人の動きを再現するのが難
しかった。

改善の効果

・ナット溶接の作業レス化
・作業時間：台当たり11秒低減

52 | てことトグル機構を使った 5カ所一発組付

作品名：ぱっちん 五一

ⓚⓐⓡⓐⓚⓤⓡⓘ からくり

てこの作用を時間差制御することで組付できるようにした。

使った材料

端材のステンレス材、アルミ材、鋼材、遊休のリニアガイド

制作者

豊田合成㈱
FC第1製造部工程改善課　水口 竜

制作費用

1000円（端材利用）

改善の概要 & 問題点

　4つ同時に爪部をはめ込めない（固い）ため、1カ所ずつはめ込んでいる（工数大）。さらに、中央にゴム部品のはめ込みも必要（合計5カ所）だった。ある日、ピアノの鍵盤を眺めていたらヒントが浮かんだ。

改善前

　一気にはめ込むことができず、1カ所ずつ人手でやるしかなかった。指が痛い。

構成部品と組付順序

①ゴム部品

②樹脂部品1

③樹脂部品2

組付完成形

一発で4カ所の爪は
固くてはめ込めない!!

爪を1カ所ずつ順に4回押してはめ込み完了!!
工数大！指が痛い！

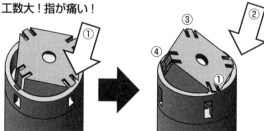

改善後

棒の円弧の動きを利用し、押す順番をつけてワンアクションで勘合する。

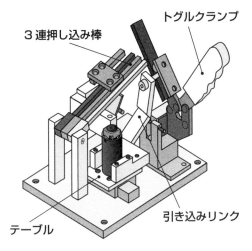

3連押し込み棒

トグルクランプ

引き込みリンク

テーブル

棒が当たる順番

組付機の外観

改善のメカニズム

押し込み棒が部品のどの位置に、どのタイミングで当たるか考え抜いて実現した。

棒の円弧の動き

速く当たる　　遅く当たる

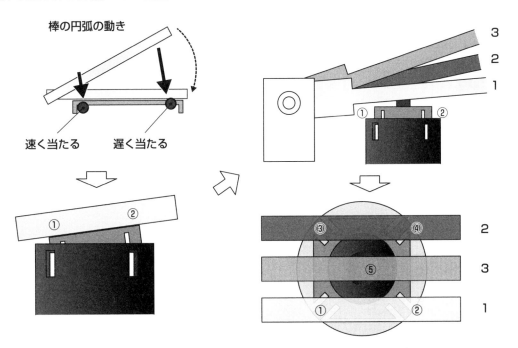

縦棒が当たる順番

苦労したこと

順番に押す機構を見つけることと、その発想に行き着くまでの考察が大変だった。

改善の効果

・組付装置費用の抑制
・組付工数の削減　5.0秒/回
・疲労度減少（指痛の解消）

生産性向上・作業改善（作業改善）

生産性向上・作業改善（搬送）

生産性向上・作業改善（治具）

工具改善

自社開発機器

安全改善

省エネ・環境改善

目で見る管理

53 ソケットレスで簡単仮付けできる専用装置

作品名：上手棒（うまいぼう）

からくり
ワッシャーとナットを2層で同時セットし、先端部のウレタンとの摩擦抵抗でナットを回す。

使つた材料
鋼材、モーター、MCナイロン、ばね鋼、ホース（廃材）

制作者
トヨタ自動車㈱　モノづくりエンジニアリング部
広瀬甚一郎、　松崎 泉

制作費用
4万円

改善の概要&問題点
　プロペラシャフトジョイント部分の仮付作業は手隙が狭く、ワッシャー・ナットの仮付けが非常にやりにくい。通常はインパクトレンチのソケットで仮付けを行うが、プロペラシャフト本体とインパクトレンチが干渉し、スタッドボルトに対して面直がとれず、手作業で対応している。

改善前
　プロペラシャフトジョイント部分のスタッドボルトに、指先でワッシャーを入れた後、ナットを3巻き程度仮付けする。しかし、作業スペース非常に狭く、やりにくい作業となっている。

プロペラシャフトジョイント部分

仮付作業詳細

ワッシャー入れる　　　　ナット仮付け（3巻き）

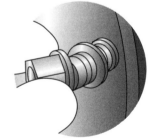

作業方法

ワークセット　　　　ワッシャーセット　　　　ナット仮付け　　　　仮付完了

改善後

　ワッシャー・ナットが2層構造で同時に取り出せるカートリッジと、ナットフランジ部をウレタンで押し当てモーターで回転する仮付棒（上手棒）の2つのツールを製作し、簡単仮付けを実現した。

①カートリッジ

ナット・ワッシャー
供給部

自重で
下がる

板ばね

支持部

2層構造

②上手棒

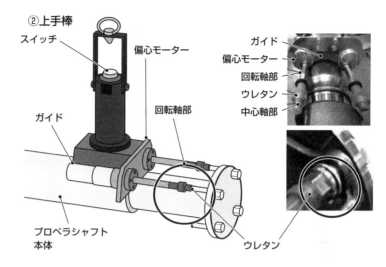

スイッチ

偏心モーター

ガイド

回転軸部

プロペラシャフト
本体

ウレタン

ガイド

偏心モーター

回転軸部

ウレタン

中心軸部

改善のメカニズム

　カートリッジをスタッドボルトへ合わせてカートリッジを引き上げると、板ばねが開いて2軸同時にワッシャー・ナットの準備ができる。一方、上手棒は小型偏心モーターで速度とトルクを調整して寄り付け性を良くし、仮付軌跡を確保した。ナット内径をモーターの軸心で受けて保持し、先端部のウレタンとの摩擦抵抗を利用してナットを回す。

①ワークセット

②スタッドボルトへカートリッジセット

③上手棒をナットへ押し当て

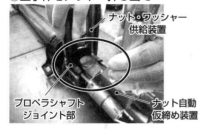

ナット・ワッシャー
供給装置

プロペラシャフト
ジョイント部

ナット自動
仮締め装置

④カートリッジを抜き取り、
　モーターが回転して仮付完了

苦労したこと

摩擦抵抗の大きい材質を探し出すことと、寄り付け性を良くしたモーターの選定が難しかった。

改善の効果

・2軸同時に仮付作業ができ作業性向上
・狭いスペースでも仮付けが可能

生産性向上・作業改善（作業改善）

生産性向上・作業改善（搬送）

生産性向上・作業改善（治具）

工具改善

自社開発機器

安全改善

省エネ・環境改善

目で見る管理

54 AGVの停止バラツキを吸収する シンプルな充電機構

からくり

AGVの進む力で充電器につけたバーを押し、一定進むとバーが回転してAGVから離れる。

使った材料

リニアスライダー、ベアリング、ばね

制作者

㈱岡山村田製作所
第2製造部　セクシーファクトリー推進チーム

制作費用

1万円

改善の概要&問題点

　AGVは停止精度がばらつくため、充電ステーションなど決められた位置に精度良く止まることができなかった。そのため充電できない問題や、停止前でAGVのスピードを落とすなどの問題が発生していた。

改善前

　AGVの停止精度により停止位置がばらつき、充電ステーションで停止できず充電器同士がずれて、充電できない問題が起きていた。

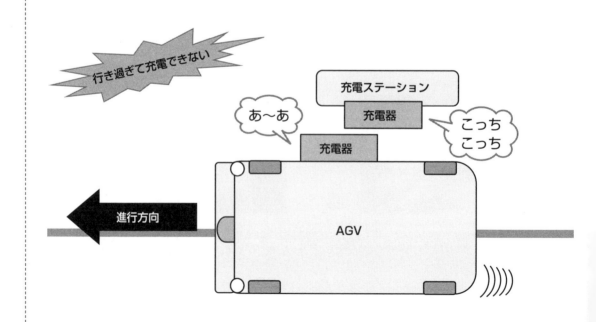

生産性向上・作業改善（作業改善）
生産性向上・作業改善（搬送）
生産性向上・作業改善（治具）
工具改善
自社開発機器
安全改善
省エネ・環境改善
目で見る管理

改善後

バー1本のシンプルな機構で、AGVのスピードを落とさず確実に充電することができる。

①AGV が前進する力で充電ステーションのバーを押し、充電器
　が AGV に追従する。AGV の停止バラツキを吸収し、充電器同
　士を合わせることができる

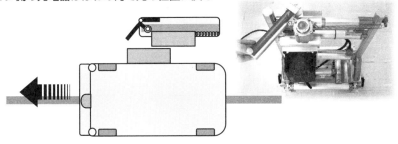

ばね

バー

②AGV が発進して一定量進むと、バーが回転して AGV と切り離
　される。ステーション側の充電器はばねの力で元の位置に戻る

改善のメカニズム

AGVがバーを押している間はベアリングを支点にタイヤが必ず壁に接し、充電器は
AGVに追従する。充電後に発進してタイヤが壁を離れると、ばねで原点復帰する。

①AGV がバーを押す

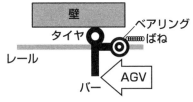

壁
タイヤ
ベアリング
ばね
レール
バー
AGV

②ベアリングを支点にしてタイヤが壁に当たり、
　AGV に追従して平行に移動していく

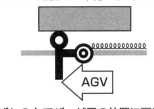

AGV

③タイヤが壁を超えると、ベアリングを軸に
　バーが回転し AGV が通り抜けていく

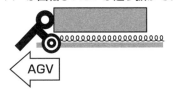

AGV

④ばねの力でバーが元の位置に戻る

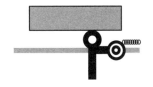

苦労したこと

いかにシンプルで耐久性のある機構にするか
に悩んだ。

改善の効果

・AGVのスピード UP と充電効率 UP
・他のからくり動力として応用

55 ｜ バキュームの利用で手袋を カンタン脱着

🄰 からくり

バキュームにより筒内を負圧にすることで実現した。

🄰 使った材料

エアーバキューム、Oリング

🄰 制作者

アイシン精機㈱　西尾機関工場
改善係　野元竜太

🄰 制作費用

20万円

🄰 改善の概要&問題点

　　加工ラインの工程で、ビニール手袋をはめて加工したワークを脱着し、さらにビニール手袋をとって洗浄後のワークを外観検査していた。このように作業の過程で、手袋をはずしたりはめたりする動作が毎回発生した。また、ビニール製であるため手と密着し、脱着が困難で作業時間のバラツキも表れていた（ビニール手袋の下に常時パームフィット手袋を着用）。

🄰 改善前

　　手袋をとるとき、パームフィット手袋に切りくずや汚れがつき、外観確認時にワークが汚れる。手袋の脱着に時間がかかり、またバラツキが生じる。

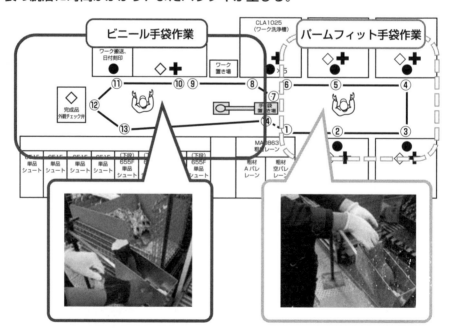

手袋をはずす	4秒（3〜5秒）2秒のバラツキ	手袋脱着時間
手袋をはめる	5.2秒（4〜7秒）3秒のバラツキ	9秒

改善後

手を差し込み、ペダルを踏むだけで手袋を脱着できる装置を製作した。

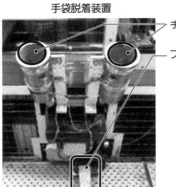

手袋脱着装置
手袋挿入口
フットペダル

Oリング
ビニール手袋

改善のメカニズム

筒の内側を負圧にすることで手袋が膨み、簡単に脱げる。

手袋をはずす

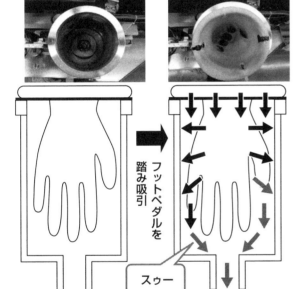

フットペダルを踏み吸引

スゥー

両手を筒内へ
手袋の丸めてある部分
まで差し込む

吸引することで筒内が負圧
になり、手袋が膨らんで手
が抜けやすくなる

ポイント！

筒の淵と手袋を密着さ
せることで筒内の負圧
が大きくなり、吸引力
が強くなる

手袋をはめる

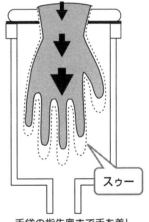

スゥー

手袋の指先奥まで手を差し
込み、垂直に抜き出す

改善後ビニール手袋脱着時間（秒）

（　）の数字は改善前時間

作業名 ＼ 回目	1	2	3	4	5	6	7	8	9	10	11	12	13	14	平均	バラツキ
ビニール手袋をはめる	3	2	2	2	2	2	2	2	2	2	2	2	3	3	2.2(4.0)	1(2)
ビニール手袋をはずす	2	2	1	1	2	2	2	2	1	2	1	2	1	2	1.6(5.2)	1(3)
												手袋脱着時間			3.8(9.2)	2(5)

苦労したこと

筒と手袋をいかに密着させて負圧にするか、
また手に密着するビニール手袋をどうやって
簡単にとるか悩んだ。

改善の効果

手袋の外側に触れることなく脱着でき、パー
ムフィット手袋に切りくず付着や汚染の心配
がなくなり、作業時間のバラツキも抑えた。

生産性向上・作業改善（作業改善）

生産性向上・作業改善（搬送）

生産性向上・作業改善（治具）

工具改善

自社開発機器

安全改善

省エネ・環境改善

目で見る管理

56 マスキング用ロール紙が巻き取るだけで出来上がる！

作品名：楽っくんローラー『ソウルレッド号』

からくり
ローラーとロッドの位置でマスキング紙とプレープテープを貼り合わせ、ロール紙ができる。

使った材料
鋼材、ローラー、ハンドル、丸棒、ウエイト、ピロブロック

制作者
マツダ㈱　防府工場
第4車両製造部第2塗装課　曽我靖貴

制作費用
10万2258円

改善の概要&問題点
　塗装の補修作業などを行うときに、他部位に塗料が付着しないようにマスキングを行う。その事前準備として、マスキング紙とテープを貼り合わせる作業がある。しかし、準備に時間がかかり、マスキングの貼り合わせ部位によっては貼り付け不備が起き、他部位に塗料が付着すると補修が必要になり、ロスが多く発生する。

改善前
事前準備、事後の補修も含め、マスキング作業にはいろいろな問題がつきまとっていた。

①事前準備

②マスキング作業
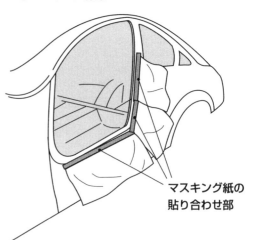

マスキング紙の貼り合わせ部

③補修作業

生産性向上・作業改善（作業改善）

生産性向上・作業改善（搬送）

生産性向上・作業改善（治具）

工具改善

自社開発機器

安全改善

省エネ・環境改善

目で見る管理

改善後

マスキング紙を決められた場所に取り付け、プレープテープを決められたところにセットし、巻き取り部のハンドルを回すとマスキングロール紙が完成するからくりを製作した。マスキング紙の芯棒には塩ビパイプを使用する。2分割にして合わせ部を斜めに合わせることで、回転する力を伝えることができ、脱着が容易になった。

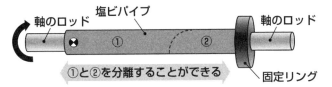

軸のロッド　塩ビパイプ　軸のロッド

①と②を分離することができる

固定リング

塩ビパイプ①側は、軸のロッドに固定しハンドルを回せば一緒に回転
塩ビパイプ②側は、固定リングで①側に押し当てることにより①と②が同回転する
※塩ビパイプ②側は、固定リングを外すことで脱着が可能となる

改善のメカニズム

3つの原理を利用してからくりを機能させた。

ポイント1 マスキング紙とテープのゆるまない原理

巻き取り棒を回転させることで、マスキング紙とテープがリンクして回転

プレープテープの重量

マスキング紙の重量5.0〜5.5kgに調整

巻き取り棒

慣性モーメントの力

ロール紙とロッドの重量により慣性モーメントがかかっているため、回転が止まっても紙がたわまないようにしている

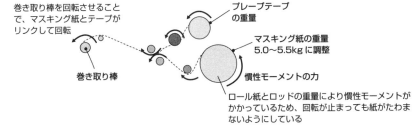

ポイント2 マスキング紙とテープをを貼り合せる原理

テープとマスキング紙の合わせる位置と角度が変わらないため、貼り合わせのズレとたわみが生じない

マスキング紙やテープの使用量で角度が変化する部分

巻き取り棒

巻き取り棒を回転する力を利用し、テープとマスキング紙を貼り押さえる仕組み

常に同じガイド位置でこれ大事

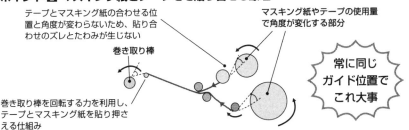

ポイント3 マスキング紙とテープの貼りズレ防止の原理

ロール紙（マスキング紙）

作製できるマスキング紙幅最大500mm

ロール紙（マスキング紙）・テープ・巻き取り位置を決めることで、縦のラインがズレることなく巻き取れる

巻き取りハンドル

巻き取り棒

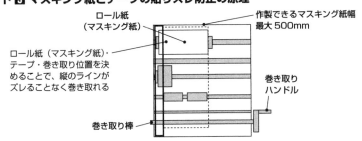

苦労したこと

テープを貼り合せるときにシワが発生したり、貼付不良ができたりする。完成したロール紙をうまく取り出せないことにも悩まされた。

改善の効果

・マスキング紙のロール紙作成時間の短縮
・マスキング貼り不備による不具合ゼロ
・補修塗料の低減

57 動力機器の使用を極限まで抑えた安価な高速自動振り分け装置

作品名：YOKOHAMA BAY ローラー

からくり

ローラー形状の工夫とワンウェイクラッチの活用により、安価で高速な送りを実現した。

使った材料

設備フレーム、アングル、コンベアベルト、モーター、傘歯車、ローラーなど

制作者

㈱デンソー　TMU製造部製造技術課室
製造技術課　Low Cost Innovation Group

制作費用

40万円（展示用小型モデル）

改善の概要&問題点

　複数種類の品目を生産するラインの最終工程には、完成品を直接そのまま倉庫に搬送し、品目ごとに指定場所（指定ロケ番地）に格納するための「自動振り分け装置」が付帯している。しかし、この装置は多種多量の機器の組合せにより「振り分け」機構が構成されていて、複雑な制御の高額設備となっている。

改善前

　各送り方向ごとに駆動モーターを必要とし、横送りコンベアを昇下降するためのシリンダーも設置され、設備は高額になった。

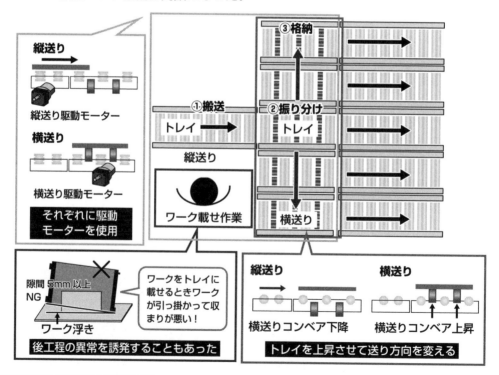

改善後

市販の丸ローラーを形状変更するだけで、簡単振り分けする装置を考案した。

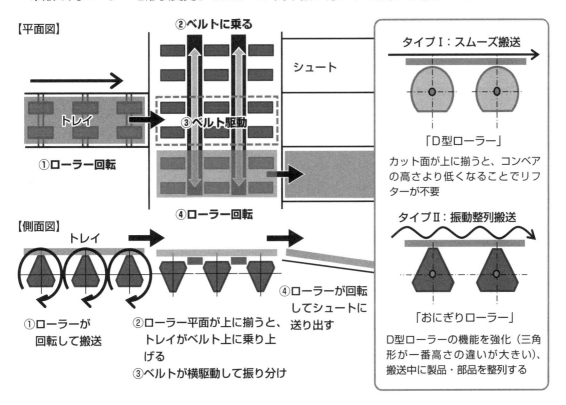

【平面図】

②ベルトに乗る

シュート

③ベルト駆動

トレイ

①ローラー回転

④ローラー回転

【側面図】

トレイ

①ローラーが
回転して搬送

②ローラー平面が上に揃うと、
トレイがベルト上に乗り上
げる
③ベルトが横駆動して振り分け

④ローラーが回転
してシュートに
送り出す

タイプⅠ：スムーズ搬送

「D型ローラー」

カット面が上に揃うと、コンベア
の高さより低くなることでリフ
ターが不要

タイプⅡ：振動整列搬送

「おにぎりローラー」

D型ローラーの機能を強化（三角
形が一番高さの違いが大きい）、
搬送中に製品・部品を整列する

改善のメカニズム

ローラー形状の工夫に加え、駆動モーター1個で縦横送りが可能となるよう、
傘歯車の中にワンウェイクラッチを内蔵した。

ワンウェイクラッチの構造

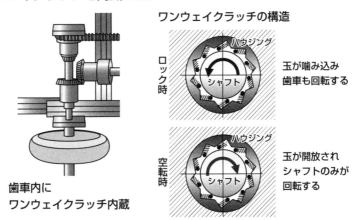

歯車内に
ワンウェイクラッチ内蔵

ロック時　ハウジング　シャフト
玉が噛み込み
歯車も回転する

空転時　ハウジング　シャフト
玉が開放され
シャフトのみが
回転する

歯車を向かい合わせに取り付け、ハンドル（モーター）の正転・逆転で可能

苦労したこと

昇下降シリンダーの代替手段として、ロー
ラー形状の適切な形状づくり（必要とされる
高低差や段差の寸法を反映して具現化）に
時間と手間を要した。

改善の効果

工場へ実際に導入した1号機では、従来装置
の仕様でのコストを指数100としたときに比
べて、約15%（1/6）で製作できた。

生産性向上・作業改善（作業姿勢）

生産性向上・作業改善（搬送）

生産性向上・作業改善（治具）

工具改善

自社開発機器

安全改善

省エネ・環境改善

目で見る管理

58 開閉姿に注文の多い 製品巻き出し部の安全カバー

作品名：すっと・せっと・さー

からくり
リンク機構と重りを使い、カバーの重量を合わせてバランスを取り、開閉させる。

使った材料
アルミフレーム、重り、ワイヤー、滑車

制作者
古河電気工業㈱
坂 信也、水野智彦

制作費用
8万円

改善の概要&問題点
　安全カバーの施工を依頼されて考案した。ロール状に巻かれた製品全体を覆うカバーを製作。製品の掛け替えがあり、交換時は開口部分を大きく開きたい。また、閉じているときは全体を覆いたい。特に開いたときは、上側に大きく開きたい。それらのニーズを解決した。

改善前
　ロール状に巻かれたシートを回転させ、設備に送り出している。カバーの設置はなく、巻き込まれる可能性があって危険である。

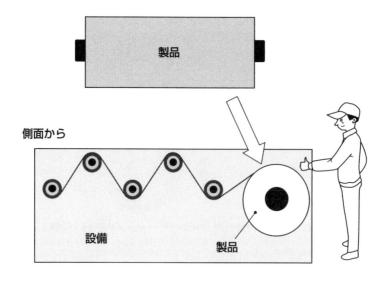

生産性向上・作業改善（作業改善）

生産性向上・作業改善（搬送）

生産性向上・作業改善（省息）

工具改善

自社開発機器

安全改善

省エネ・環境改善

目で見る管理

改善後

　重りの重量10kg・カバーなど重量10kgを吊り合わせることで、開閉はとてもスムーズであり重量感を感じない。また、カバーは上下移動の際に旋回させることで、開口部を大きくすることができた。

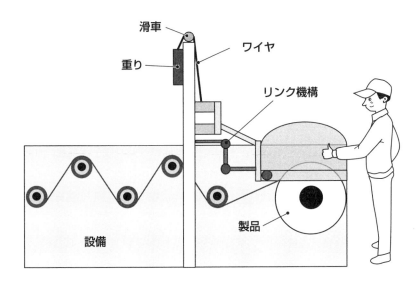

改善のメカニズム

　カバー上に持ち上げることで、カバーが後ろ側に旋回し、開口部分が広くなる。カバーを上下させる機構は、重り・滑車・ワイヤーを使った吊り合いとした。カバー上下の動きに追従させるリンク機構を使って、カバーを旋回させる。

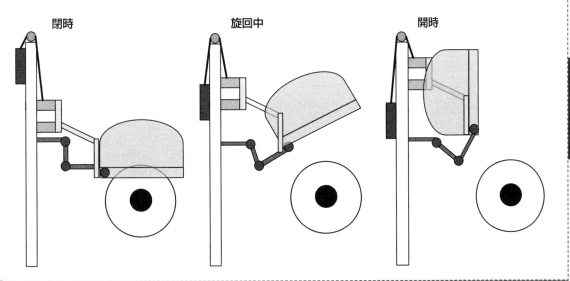

苦労したこと

カバーの上下運動にリンク機構を追従させ、カバーを旋回させる方法を考えることに苦労した。

改善の効果

重りを上下させる動きを利用し、他の動作も取り入れることができた。

59 製品運搬台車のロック掛け忘れを防ぐ

作品名：パットロック

からくり
自重とラチェット機構を利用した台車のロックで、台車取扱い時の災害などを未然に防ぐ。

使った材料
丸鋼、TUNAブレー、タッチチューブ、ゴールドキャスター、ガス管10A

制作者
トヨタ紡織㈱
豊橋工場製造部シート製造課

制作費用
約1万円

改善の概要&問題点
　従来の運搬台車は、台車の持ち手部以外を持った運搬やロックの掛け忘れが発生し、災害につながる恐れがあった。そこで、ロックピンの自重とラチェット機構を用いて台車のロックを手元化（持ち手部でロック操作）し、台車の持ち手部を必ず両手で持たなければ台車の操作ができないようにした。

改善前
災害につながりかねない小さな不具合が積み重なっていた。

1. 持ち手部以外を持つ

持ち手部以外を持った台車操作が可能なため、持ち手をはさむ災害が発生する恐れがある

2. ロック掛け忘れ

3. ロック操作

台車の内側

キャスターのロック部が台車の内側に向いてしまう

足ではロックの操作ができないため、手で行っていた。これにより腰を曲げた作業姿勢が発生し、作業者には辛い作業になっていた

改善後

　台車の持ち手部を持つ力を利用してロックを解除するような仕組みに変更した。ロックピンの自重によりラチェット機構のきっかけをつくり、タイヤにロックを掛ける機構を採用した。

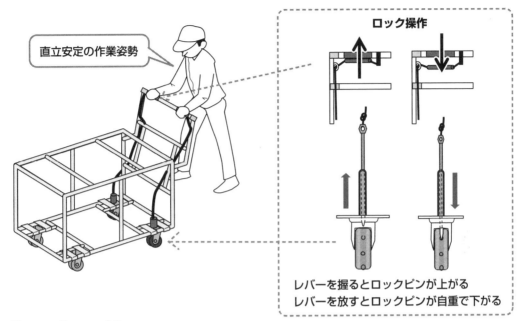

直立安定の作業姿勢

ロック操作

レバーを握るとロックピンが上がる
レバーを放すとロックピンが自重で下がる

改善のメカニズム

　ロックピンがタイヤの穴に入ると支点になる。タイヤが動くとロックピンが傾き、ロックガイドと２つの干渉が発生し、ロックピンが固定されてタイヤがロックする。

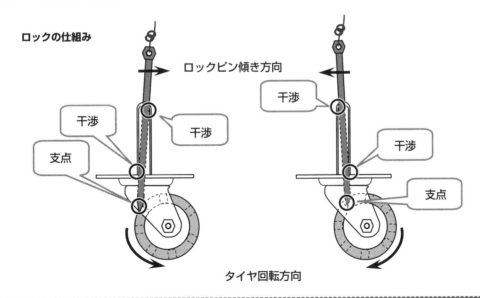

ロックの仕組み

ロックピン傾き方向

干渉

干渉

支点

干渉

干渉

支点

タイヤ回転方向

苦労したこと

ロックピンの抜け防止と、ロックが掛かる制動距離を短くするための機構を、トライ&エラーを繰り返しながら導き出した（フリーキャスターへの導入）。

改善の効果

・持ち手以外を持った運搬を防止
・ロック掛け忘れを防止
・ロック操作時の腰を曲げた姿勢を廃止

生産性向上・作業改善（作業改善）
生産性向上・作業改善（搬送）
生産性向上・作業改善（治具）
工具改善
自社開発機器
安全改善
省エネ・環境改善
目で見る管理

60 押し込みと旋回操作で ワーク研磨作業を安全化

からくり

ばねによるワンタッチでのワーク脱着と、カムフォロア・カム溝を利用した回転機構を持つ。

使った材料

ばね、カムフォロア、ベアリング、リニアブッシュ

制作者

アイシン・エィ・ダブリュ㈱
工場管理部保全改善Ｇ改善係　平岡裕紀

制作費用

2万5000円

改善の概要&問題点

焼き入れ調査工程で、焼き入れ後のワークをカットした後に樹脂で固めてサンプル化している。サンプルを手でつかみ、表面を砥石回転部に押し当てて研磨加工を行い、焼き入れ特性を調査している。しかし研磨加工をする際、回転中の砥石に手が当たって切傷する危険がある。また、サンプルのつかみ代が小さいため、砥石に弾かれて作業者に飛来する危険もある。

改善前

回転中の砥石に触れて手を切るほか、サンプルを握り損じて砥石に弾かれ、サンプルが飛んでくる危険もあった。

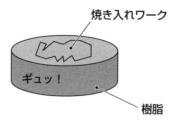

〈検査サンプル〉

焼き入れワーク

ギュッ！

樹脂

飛来！

いてっ

切傷！

サンプルを手でつかみ、表面を砥石に
押し当てて研磨加工する

改善後

　作業者が、治具の押し込みと旋回を行うだけで、サンプルの研磨加工と脱着ができる治具「You For Catcher」を製作した。

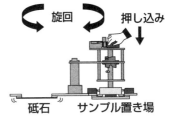

旋回　　押し込み

砥石　　サンプル置き場

◆研磨作業手順

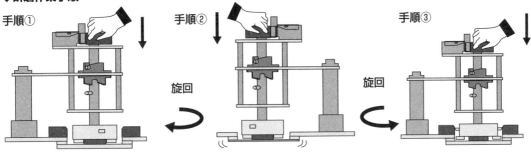

手順①

手順②　旋回

手順③　旋回

改善の メカニズム

　治具を押し込むことでサンプルを自動でクランプし、ばね力で治具が上昇する。治具上昇・旋回させて治具を押し込み、砥石に押し当てて研磨加工をする。研磨後、治具を上昇・旋回させて治具を押し込み、サンプルを取り外す。

◆サンプル脱着

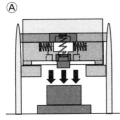

Ⓐ ボタンをプッシュして

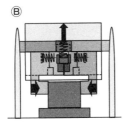

Ⓑ アームがつかむ!!

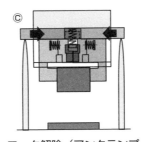

Ⓒ ロック解除（アンクランプピン）を押して

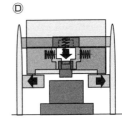

Ⓓ アームが離す!!

◆押し込み回転機構

上下にカム溝があり、下まで押し込むと下側のカム溝がかかって上がる際にも回転する。1回の押し込みで120°ずつ回転する。サンプルクランプで1回、砥石研磨で1回、サンプルアンクランプで1回の計3回押し込むと一通り作業が終了し、360°回転して原位置に戻る。

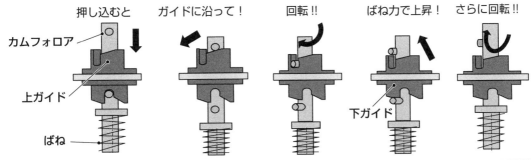

押し込むと　ガイドに沿って!　回転!!　ばね力で上昇!　さらに回転!!

カムフォロア

上ガイド

下ガイド

ばね

苦労したこと

研磨加工時にサンプルがはずれないよう最適なばねを選定し、保持できるようにする点が難しかった。

改善の効果

ヒヤリ発生件数が2件/月から0件になり、安全に作業できるようになった。

生産性向上・作業改善（作業改善）

生産性向上・作業改善（搬送）

生産性向上・作業改善（治具）

工具改善

自社開発機器

安全改善

省エネ・環境改善

目で見る管理

61 高温溶解炉へスイングアームで調整材を安全に投入

からくり

前進限でロックがはずれ、調整材が自重落下し、スプリング機構でトレイが原点復帰する。

使った材料

平角パイプ、鋼材、ベアリングユニット、スプリング、アブソーバー、キャスター

制作者

㈱アルキャスト
Ｄ製造課　山田千明

制作費用

3万円

改善の概要&問題点

溶解炉の成分調整として「調整材」をスコップまたは手で投入しているが、一度に投入する調整材が約10kgで、人手で投入するには大変だった。また、調整材を投入する際に開口部へ近づくため、炉内からの熱風や溶湯の跳ね返りで災害や転倒のリスクがあった。

改善前

調整材の投入時にバランスを崩し、転倒および溶解炉の開口部へ近づくため、熱風・溶湯飛散による火傷のリスクがあった。溶解炉に調整材を投入する作業で、1回（約10kg）を数回に分けてスコップで投入していた。

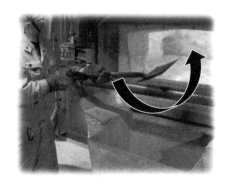

生産性向上・作業改善（作業改善）

生産性向上・作業改善（搬送）

生産性向上・作業改善（治具）

工具改善

自社開発機器

安全改善

省エネ・環境改善

目で見る管理

改善後

溶解炉から3m離れて作業できるスイングアームの投入機を製作した。

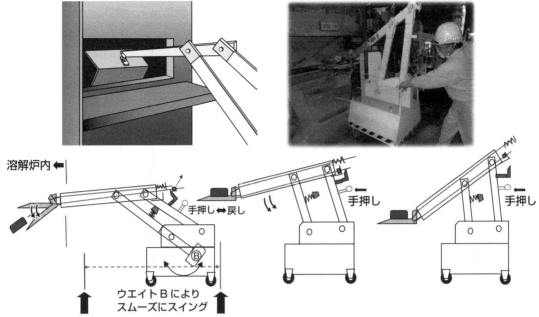

溶解炉内 ←

手押し・戻し

手押し

手押し

ウエイトＢにより
スムーズにスイング

改善前作業位置 約1m

改善後作業位置 約3m離れて作業可能

改善のメカニズム

アームを前進させると、前進限手前でアーム〈B〉にある〈C〉がシャフト〈D〉を上方向に持ち上げ、コマがはずれてトレイ〈E〉が傾斜し、調整材を投入する。その後、シャフト〈F〉後方にあるスプリングによりトレイ〈E〉が元の位置に戻る。

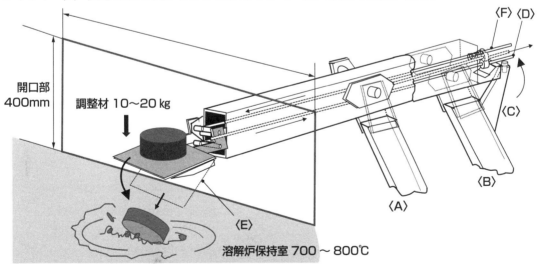

開口部
400mm

調整材 10〜20 kg

〈F〉〈D〉

〈C〉

〈B〉

〈A〉

〈E〉

溶解炉保持室 700 〜 800℃

苦労したこと

職場環境に即して安全で簡単に使用でき、熱に強く壊れにくい構造の装置をつくるのが難しかった。

改善の効果

・安全の確保（危険リスク低減）
・作業負荷の軽減

62 | 重筋対策で10kgの引張検査が楽々に

からくり

動滑車のダブル利用により、少ない重りで大きな張力を発揮する。

使った材料

滑車、ワイヤー、アルミフレーム
MCナイロン、トグルクランプ

制作者

日乃出ゴム工業㈱
金型設計課　清水孝久

制作費用

7000円

改善の概要&問題点

　勘合部が新規性のある製品で、10kgの抜け荷重検査が全数必要だった。プッシュプルゲージで測定するが、腕力が必要なのと疲労度が非常に大きかった。したがって、治具化による軽作業方法ができないか検討した。

改善前

勘合部をゲージで引っ張る人手の作業がきつい。

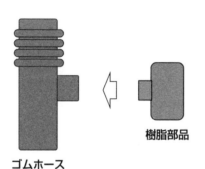

ゴムホースに樹脂部品を
挿入して完成品にする
⇩
挿入した勘合部の強度が
10kgの抜け荷重でも
耐えることが品質条件

樹脂部品

ゴムホース

そのため、全数10kgの抜け荷重検査が必要だが・・・

毎回（全数）プッシュプルゲージでのチェックは腕がもたない…

プッシュプルゲージ

勘合部

改(善)後

滑車・動滑車を使った抜け荷重検査治具を考案した。

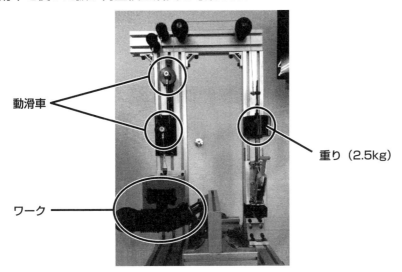

動滑車

ワーク

重り（2.5kg）

2.5kg の重りで 10kg の引っ張りを実施

改(善)のメカニズム

トグルクランプで重りを持ち上げておき、無負荷でワークセットする。そして、トグルクランプを解放することで勘合部に荷重をかける。検査が一気に楽になった。

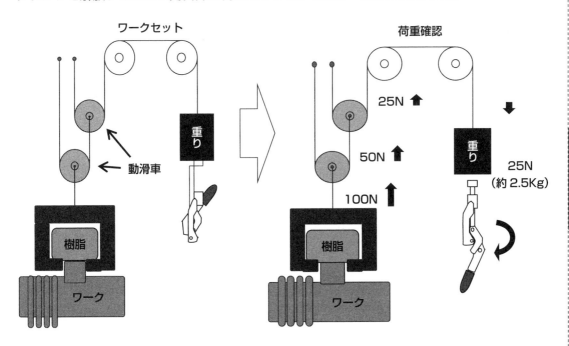

ワークセット

荷重確認

動滑車

重り

樹脂

ワーク

25N

50N

100N

重り

25N
（約2.5Kg）

樹脂

ワーク

苦労したこと

ワークの固定と動滑車の揺れ制御（動滑車をレールで半固定実施）のほか、動滑車の自重などで重り設定が計算通りにいかなかったのが想定外だった。

改善の効果

・軽作業化（治具化）により組付工程へのインライン化が実現
・疲労度が大幅に減少

生産性向上・作業改善（作業改善）

生産性向上・作業改善（搬送）

生産性向上・作業改善（治具）

工具改善

自社開発機器

安全改善

省エネ・環境改善

目で見る管理

63 20kgのペール缶を 5kgで持ち上げ棚上へ

作品名：ひょいっとはん

からくり
スプリングバランサーで重量を低減し、ペール缶の自重を利用してはさむ力を引き出す。

使った材料
アルミフレーム、スプリングバランサー、ばね、ワイヤー

制作者
日立金属㈱　安来工場
西本信也、湯原英克、三原嵩之、篠村昭博

制作費用
11万円

改善の概要&問題点
　ペール缶を棚上で横に寝かせ、保管および使用している。新油を棚上に載せるときに片手を伸ばし、前傾姿勢で20kgのペール缶を持ち上げ載せていた。

改善前
　20kgのペール缶を床面から腰の高さまで持ち上げ、前傾姿勢で載せていた。
棚の間には、隙間がないため足が踏み出せず、無理な作業をしていた。

改善後

　スプリングバランサーの力を利用し、20kgのペール缶を5Kgで持ち上げられるようにして、片手でペール缶の入れ替えができるようにした。

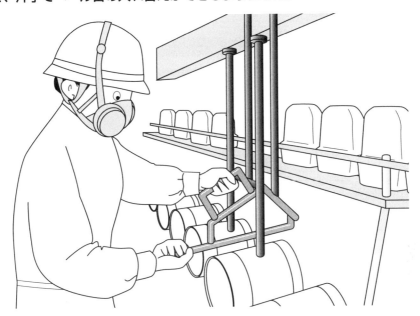

改善のメカニズム

　ペール缶両サイドに爪を引っ掛けることで、パイプ支持部三角形の頂点が支点となり閉まる（白い破線矢印の方向に重力がかかる）。

リニアスライダー　　スプリングバランサー

①アルミパイプを利用しスムーズに上昇・下降できるようにし、スプリングバランサーの力で20kgを5kgで持ち上げられるようにした

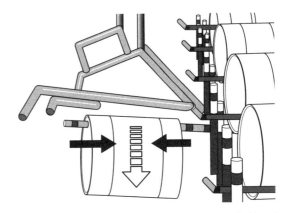

②重量がかかるとペール缶をはさみ込み、保持できるようにした

苦労したこと

　ペール缶をはさみ込む部位の構造と、スムーズに動作させる点に苦労した。

改善の効果

・腰痛リスクの削減

生産性向上・作業改善・作業改善

生産性向上・作業改善（搬送）

生産性向上・作業改善（治具）

工具改善

自社開発機器

安全改善

省エネ・環境改善

目で見る管理

64 ゼンマイスプリングを利用した 重筋作業の改善

作品名：トリプルA with バランサー

からくり

重量物の持ち運びをゼンマイスプリングでアシストし、工程内を自由に動くことができる。

使った材料

ゼンマイスプリング、ロープ、ローラーガイド

制作者

㈱ジェイテクト　花園工場
工務部　東山知史

制作費用

13万円

改善の概要&問題点

　梱包作業工程で製品重量が最大で20kgと重く、取り出しを2人で行っていた。製品を取り出すときやパレットに製品を置く際に落下したり、製品を持って移動する際に転倒したりする危険性があった。

改善前

製品を取り出すときとパレットに製品を置くときに、不安全な状況があった。

〈製品取り出し時〉

○製品重量＝最大で20kgと重いため、2人で作業を実施
○バランスを崩して製品を落とし、ケガをする恐れがある
○1人の作業者が後ろ向きで歩き、転倒する可能性あり

〈パレットに置くとき〉

○パレットに梱包済の製品を置く際、製品を高く上げるため、製品を落とし、ケガをする可能性がある

改善後

　ゼンマイスプリングを用いたアシスト装置を考案した。伸びたゼンマイスプリングが戻ると、ロープが一緒に引っ張られ、製品を軽く持ち上げることができる。アシストする力を6kg×2個＝12kgに設定し、作業者が必要な力は8kgとなった。

ゼンマイスプリング

ロープ

スプリングと握り玉

持ち上げ時の衝撃を弱める

負荷が 20kg →8kg に！

改善のメカニズム

　重量アシスト装置を自由に回転できるロータリーユニットとし、さらに縦横移動が可能なローラーガイドで構成した。これにより、工程内（横6.5m×縦1.5m）の広範囲を自由に動かすことができ、いろいろな形状の製品を持って運搬することができる。

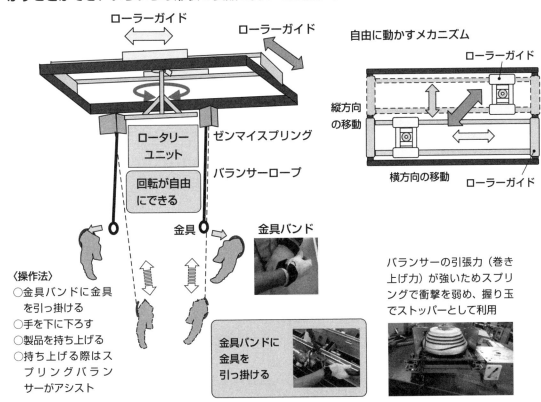

ローラーガイド

ローラーガイド

自由に動かすメカニズム

ローラーガイド

ロータリーユニット

回転が自由にできる

ゼンマイスプリング

バランサーロープ

縦方向の移動

横方向の移動　　ローラーガイド

金具

金具バンド

〈操作法〉
○金具バンドに金具を引っ掛ける
○手を下に下ろす
○製品を持ち上げる
○持ち上げる際はスプリングバランサーがアシスト

金具バンドに金具を引っ掛ける

バランサーの引張力（巻き上げ力）が強いためスプリングで衝撃を弱め、握り玉でストッパーとして利用

苦労したこと

手袋金具から手をはずす際の衝撃を緩くする機構に手を焼いた（スプリングと握り玉をつけて対策した）。

改善の効果

1人で作業できるようになったことと、重い荷物の移動が楽々でき、作業者の負担を軽減し、快適で安全になった。

生産性向上・作業改善（作業改善）

生産性向上・作業改善（搬送）

生産性向上・作業改善（治具）

工具改善

自社開発機器

安全改善

省エネ・環境改善

目で見る管理

65 安全を考慮し1アクションで 3F(負担・不安・不満)を解消

からくり

操作レバーを下げ、シュート上のパレットを後方からストッパーで押し出し、手前に送る。

使った材料

スライドレール、チェーン、歯車、ペットボトル

制作者

アイシン軽金属㈱　ダイカスト第3製造部
DAT加工G　前田那一

制作費用

3万5000円(購入品のみ)

改善の概要&問題点

自動車用部品の加工・組付工程で、加工工程のシュートには最大4パレット投入されており、ライン側で粗材を取り出して加工機に粗材をセットしている。このとき、作業者が都度、シュートの投入側に回り込んでパレットを押し出す作業をしていた。そのため、作業のサイクルにバラツキが発生してライン停止ロスの要因にもなり、不満の声が上がっていた。

改善前

安全を考慮してシュートに傾斜をつけることができないために、パレットが前に出ず隙間が発生する。そのたびに、シュートの投入側へ回ってパレットを押し出す。

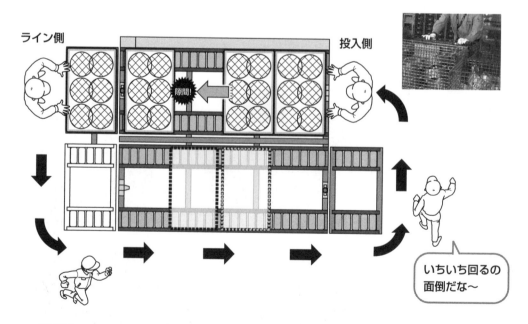

ライン側　　　　　　　　　　　　　　　　　投入側

隙間!

いちいち回るの
面倒だな〜

問題点:作業中の付帯作業により作業者の負担が大きい (1回/2時間)

改善後

操作レバーを下げることでストッパーが前進し、パレットが手前に移動するからくりを考案した。

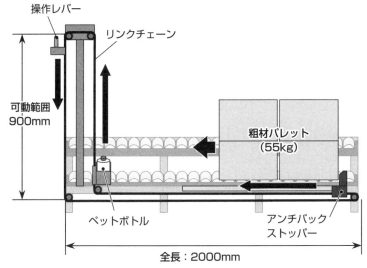

ワンハンドのレバー操作で、シュート後方のストッパーによりパレットを手前に出すことが可能になった

改善のメカニズム

パレットに手が届く位置までライン側の操作レバーを下げ、ストッパーを前進させる。パレットが手元にきて操作レバーを離すと、ペットボトルの自重でストッパーが後退する。ライン側のストッパーはパレット入れ替え台車と同期させ、作業の安全を確保している。

操作レバーを900mm下げる

アンチバックストッパーが900mm前進

ペットボトルの重みでレバーもストッパーも元の位置に‼

苦労したこと

パレットを押し出すストッパーのアンチバックを動かすばね選定に苦労した。またストッパーの可動域が長く、チェーンのはずれ防止ガイドの取付調整に手間どった。

改善の効果

シュートの投入側に回り込む作業がなくなり、作業サイクルが安定して生産性が向上し、作業者の3Fも解消された。

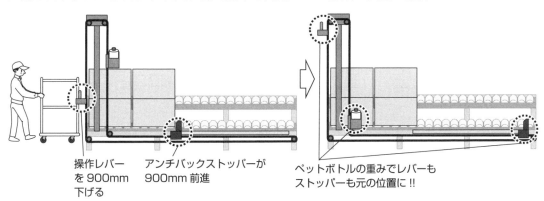

生産性向上・作業改善（作業改善）

生産性向上・作業改善（搬送）

生産性向上・作業改善（治具）

工具改善

自社開発機器

安全改善

省エネ・環境改善

目で見る管理

66 1mの高さの釜に15kgの溶剤を簡単投入

作品名：かやれーる

からくり
てこ、リンク機能、滑車、傾斜を利用して重筋作業をアシストする。

使った材料
アルミフレーム、四角バランサー、ばね

制作者
㈱福井村田製作所
第6製造部製造3課　総三昌広

制作費用
11万円（市販の昇降台車は別）

改善の概要&問題点
15kgの溶剤入りポリバケツを、1mのタンク高さまで人の力で上げて90°に傾け、3缶投入している。腰痛や筋肉痛に加え、溶剤をこぼす恐れがあった。

改善前
15kg入りのバケツを高さ1mのタンクに毎日3缶空けるのは、まさに3K作業だった。

改善後

溶剤を市販の昇降台車で、1mの高さまで持ち上げる。溶剤はスライドレールを通り、自重で投入位置へ移動する。移動後、リンク機構を使って90°傾ける。

スライダー　切り出し　戻りばね

四角バランサー

ウエイト

傾斜、コンベア
ローラー

リンク機能

ハンドル

バケツ回収シューター

改善のメカニズム

リンク機構はリールのように、ハンドルで紐を巻き上げることで縮む（投入時）。
戻すときは逆回転に回すが、バランサーでアシストすることでスムーズになる。

投入前

投入時

一度に複数の容器を投入したいため、切り出しスットパー機構を追加した。
紐で引っ張りフットスイッチで解除すると、次の容器が自重でスライドしてくる

苦労したこと

投入後ハンドルを巻き上げても元の位置に戻
らず、バランサーとレールの調整が難しかっ
た。

改善の効果

・作業負荷軽減
・安全性と生産性の向上

生産性向上・作業改善（作業改善）

生産性向上・作業改善（搬送）

生産性向上・作業改善（治具）

工具改善

自社開発機器

安全改善

省エネ・環境改善

目で見る管理

67 収納達人！隙間に収まる工具置き場

作品名：すき間つかった棚ぁ～

か ら く り

ヒンジを使ったリンク機構で構成した。

使 つ た 材 料

アルミフレーム、スライドレール、マグネット、ヒンジ

制 作 者

古河電気工業㈱
鈴木志京

制 作 費 用

1万円

改 善 の 概 要 & 問 題 点

治工具を置くために台車を使っている。しかし、作業エリアが狭いので邪魔になる。別の場所に置き場を決めると、離れているため歩行距離がかかる。そんな作業者からのニーズに応えるため、ちょっとした空間を工夫して有効活用した。

改 善 前

治工具を台車に載せて管理している。作業エリアが狭く、台車が邪魔になる。離れた場所に置き場を設けると移動時間がかかる。

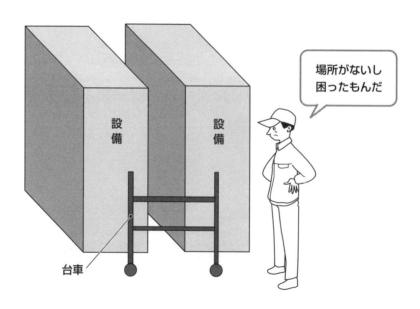

場所がないし
困ったもんだ

設備

設備

台車

改善後

　設備間のスペースに収納可能な工具置き場をパネルとスライドレールを使って製作し、制御盤の壁を利用して取り付けた。パネルとスライドレールを使って置き場を製作。ヒンジを使い、手前に引き出したときにパネルを旋回させ、作業エリアを確保する。

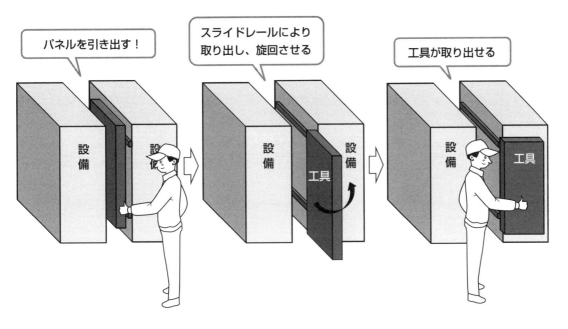

改善のメカニズム

　スライドレールを用いてパネルを移動。ヒンジを使ってパネルを旋回させる。

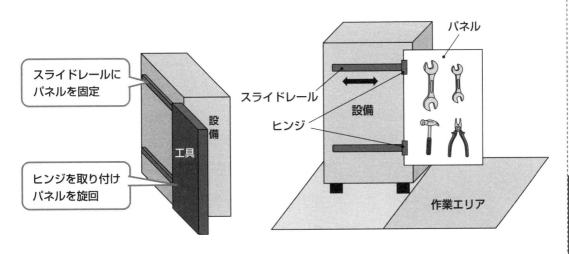

苦労したこと

棚を買うなど他の案を考えたが、作業エリアが狭くなる。隙間を使うことで問題が解消された。

改善の効果

改善が波及し、さまざまな工程で採用された。ネーミングも現場で好評だった。

生産性向上・作業改善（作業改善）
生産性向上・作業改善（搬送）
生産性向上・作業改善（治具）
工具改善
自社開発機器
安全改善
省エネ・環境改善
目で見る管理

68 3Sを実現する手押し台車立体駐車場

作品名：私が上に乗りますか！

から**くり**
空間の利用を考えてシーソー式とし、支点と
バランスをとる位置を工夫した。

使っ**た材料**
アルミパイプ、跳ね上げ金具、キャスター、
アルミ板、蝶番、パイプ用ジョイント

制**作者**
マレリ㈱（旧カルソニックカンセイ栃木）
からくり改善交流会　斎藤良文

制**作費用**
7万8000円

改善の概要&問題点
　危険物倉庫から調合室まで塗料（一斗缶）を運ぶための手押し台車が3台ある。使用後は並列
に収納する。置き位置を枠取りしてその中に駐車するが、はみ出しがあるほか、荷物が載ったまま
だと見栄えが悪い。通路での荷卸しなど通行の妨げになり、危険である。

改善**前**
　塗料調合室入口が隣接しており、荷卸しするエリアが狭い。歩行通路へはみ出して一斗缶
の荷降ろし作業を行っているため、通行の妨げになっている。

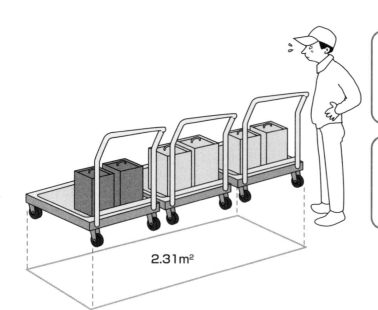

台車3台の
スペースが2.31m²と
広いスペースを使用

使用後、荷物が載って
いることが多く、
次回使用者が困る！

2.31m²

改善後

1台のスペースに台車を３段重ねできる立体駐車場を製作した。通行帯と作業エリアを設定することができた。また、台車の荷台部分に荷物を載せた状態で置くことがなくなった。

スペースが
0.69m² になった

改善のメカニズム

初めの台車（３段目）が乗り込み、「荷台持ち上げバー」をてこ代わりにして持ち上げる（取っ手が高くなるため③でアシスト）。３段目荷台が水平になると、上蓋用重量用ワンタッチステーが働いてストッパー（落下防止）になる。続いて２段目に台車が乗り込む。支点が奥４：手前６の位置で、入り口側に重心がくる設計にしてあり、奥の押さえバーで台車の落下を防いでいる。

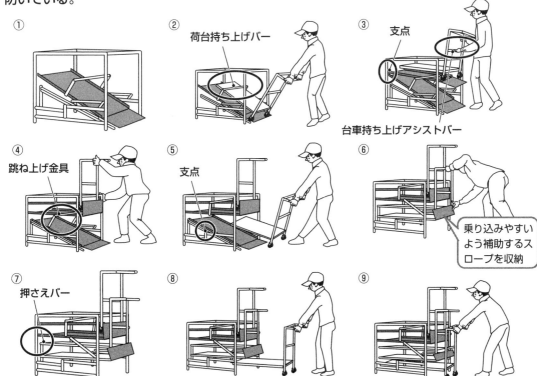

○２段目の駐車荷台部分を水平に保持するための台車押さえバー（シーソー式採用のため）
　（入庫・出庫時必ず駐車場の荷台搬入口が下がるように支点を手前：６　奥：４の位置にする）
○３段目の駐車荷台部分を水平に保持するための跳ね上げ金具（市販されている「上蓋用重量用ワンタッチステー※」を使用）
　※荷台を持ち上げるとストッパーの作動により荷台を固定。下げるときは荷台を少し持ち上げるとストッパーが解除

苦労したこと

３段目の乗り込み角度や水平状態の調整、および台車を載せる可動部の支点位置のバランスが難しかった。

改善の効果

・削減スペース：1.62m²
　（改善前2.31m² →改善後0.69m²）
・台車置き場の3Sが定着

生産性向上・作業改善（作業改善）

生産性向上・作業改善（搬送）

生産性向上・作業改善（治具）

工具改善

自社開発機器

安全改善

省エネ・環境改善

目で見る管理

69 作業台車のゴミ箱が勝手に閉まる!!

作品名：勝手にもどるんじゃ～

からくり
溶剤付きゴミ箱のフタが自動で閉まる。溶剤置き場を収納式にし、面積を最小限にした。

使った材料
アルミ中空フレーム、ばね、ワイヤー

制作者
㈱岡山村田製作所
第3製造部　藤原裕也

制作費用
4万9800円

改善の概要&問題点
　工程で使用する移動式の作業台車で、下段には溶剤で汚れたウエスを捨てるゴミ箱が設置されている。溶剤付きゴミ箱のフタを閉め忘れると、溶剤の臭気が漏れて工程環境を悪化させる。工程移動中の安全性向上のため、可能な限り幅を狭くすることが求められている。

改善前
　作業台車の天板で溶剤を使った作業をするが、作業後にゴミ箱のフタを閉め忘れることがある。閉め忘れると、溶剤の匂いが周辺に浮遊・充満し、工程環境が悪化する。

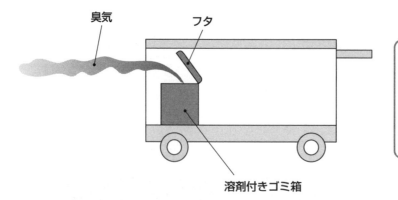

臭気

フタ

溶剤付きゴミ箱

作業中の工程設備間を行き来しており、設備や他の台車にぶつけないか、他の作業者にぶつからないか心配。安全対応でできるだけ小さくしたい

改善後

　ゴミ箱のフタは、台車の始動時の揺れで元の位置に戻る機構を設ける。次の作業箇所に移動する際に自動でフタが閉まり、閉め忘れがなくなる。また作業時に、収納レバーを押すと側面から溶剤置き場が出てくるようにした。溶剤類をここに置いて作業し、終了後は溶剤類を中に収納した後に溶剤置き場も戻しておく。

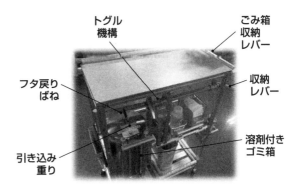

トグル機構　ごみ箱収納レバー　フタ戻りばね　収納レバー　引き込み重り　溶剤付きゴミ箱

改善のメカニズム

　リンク機構とばねの力でゴミ箱のフタを自動で閉める。さらにリンク機構を使い、溶剤置き場を旋回・収納させて狭小化している。

〈フタが自動で閉まる工夫〉

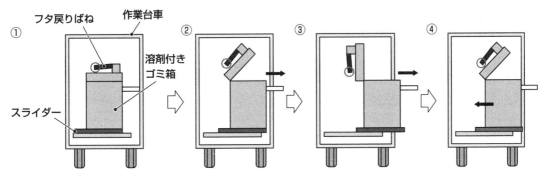

フタ戻りばね　作業台車　溶剤付きゴミ箱　スライダー

①スライダー上に溶剤付きゴミ箱が乗っている。ばねで引っ張られて作業台車の一番奥に収まっている

②溶剤付きゴミ箱を手で引っ張ると、フタが開きながら本体が出てくる。手を離すと、ばね力で本体は戻る

③ばねが垂直になるところまで引っ張ると、ばねの伸縮力は下側に向けるため、手を放しても本体が戻らなくなる

④台車を揺らすと、スライダー上でゴミ箱本体が揺動する。ばね角が斜めになると戻る力が発生し、ゴミ箱本体は収納される（①に戻る）

〈台車の幅を最小化する工夫〉

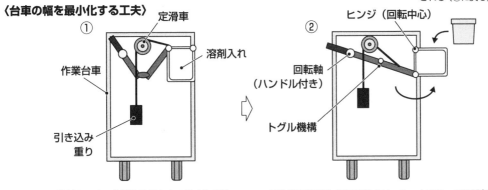

定滑車　溶剤入れ　作業台車　引き込み重り　ヒンジ（回転中心）　回転軸（ハンドル付き）　トグル機構

①溶剤入れは、普段は作業台車の枠内に収められている。所定位置からずれないようウエイトで引っ張られている

②手作業で溶剤入れを回転させ、セットする。90°回転させたところで、トグル機構で固定される。トグルの解除は回転軸に取り付けられたハンドルで行う

苦労したこと

安価で入手しやすい汎用材料にこだわったことと、知恵と工夫でシンプルな構造に仕上げたことに注力した。

改善の効果

・匂い漏れ防止→工程環境の改善
・面積生産性と安全性の両方を向上

生産性向上・作業改善（作業改善）
生産性向上・作業改善（搬送）
生産性向上・作業改善（治具）
工具改善
自社開発機器
安全改善
省エネ・環境改善
目で見る管理

70 監視なしでもオーバーフローさせない！
タンクの水漏れ防止からくり

作品名：新時代へ!! コック猪丸君

🅚からくり

水位と浮力を利用し、てこの力と重力により
コックを自動で閉める。

🅜使った材料

SUS、2段式プーリー、ペットボトル、ナイ
ロン紐

🅢制作者

ナブテスコ㈱　津工場
製造部第1製造課　藤崎雅也、岸野航大

🅗制作費用

3万円

🅚改善の概要 & 問題点

　切削液の給水作業を毎日行っているが、1人の作業者が担当する設備が複数あるため、同時作
業でコックの閉め忘れによるオーバーフローをたびたび発生させていた。そこで人のミスをなくすた
めに、自動止水させようとボールタップを活用してみたが、同じようにコックの閉め忘れが発生し
ていた（漏れ頻度：1回／月、清掃時間：60分）。

🅚改善前

　人の作業ではコックの閉め忘れの懸念が消えない。
ボールタップでの対応も突発事象には難しい。

【問題点：人による給水】
複数同時に給水を行うため、コックを閉め忘れてタンク
から水があふれてオーバーフローが発生

【問題点：ボールタップ】
自動止水できるようになったが、タンクの水位によって
給水が進むため、一時的なバランス崩れに対応できず、
タンクにクーラントが戻ってくるとオーバーフローが発生

結局
清掃するのか…

改善後

「コックを自動で閉めることができないか？」「もう清掃をしたくない!!」と思い、水位と浮力を利用し、テコの力と重力によりコックを自動で閉める"オーバーフローさせない"からくり機構を考案した。

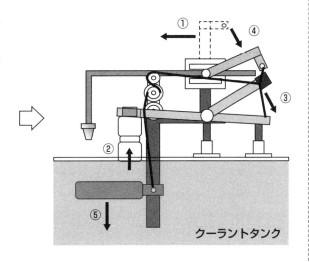

クーラントタンク

改善のメカニズム

浮力を2段式プーリーで増幅して、コックを閉める機構とした。水位が下がると、重りが落下して原点復帰する。

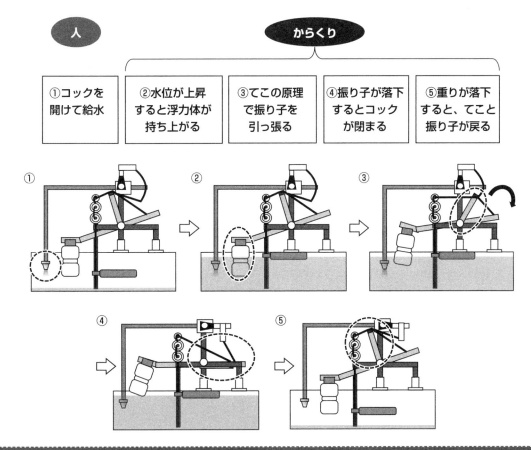

人	からくり			
①コックを開けて給水	②水位が上昇すると浮力体が持ち上がる	③てこの原理で振り子を引っ張る	④振り子が落下するとコックが閉まる	⑤重りが落下すると、てこと振り子が戻る

苦労したこと

コックを浮力で閉めるときの増幅方法が難しかった。また、からくりを元に戻す⑤（浮力と重り）の仕掛けの調整に手こずった。

改善の効果

・タンクから水が漏れない→清掃いらず
・給水時の監視なし

生産性向上・作業改善（作業改善）
生産性向上・作業改善（解送）
生産性向上・作業改善（治具）
工具改善
自社開発機器
安全改善
省エネ・環境改善
目で見る管理

71 溶接ワイヤー残量の見える化

作品名：巻くのはワイや〜!!!　釣ったら帰ろ〜【換えろ】

からくり
てこの原理（つり合い）を利用し、容器内の残量を見えるようにした。

使った材料
マグネット、釣り糸、透明の筒、色付テープ、ビス

制作者
㈱フジコーポレーション
フレーム職場デサフィオサークル

制作費用
1000円

改善の概要&問題点
　ロボット溶接機で使用している溶接ワイヤーが、外からひと目で容器内の残量が見えず、判断ができない。そのため発注するタイミングが不明確になり、常に予備ワイヤーを大量にストックするムダが発生していた。

改善前
容器の中の溶接ワイヤー残量が外から見えない。

溶接ワイヤー残量ヨシ!?たぶん？

いつなくなるかわからないから、多くの予備を抱えていた

改善後

ワイヤー残量がひと目でわかる表示器を台車に取り付けた。

◆残量の見える化

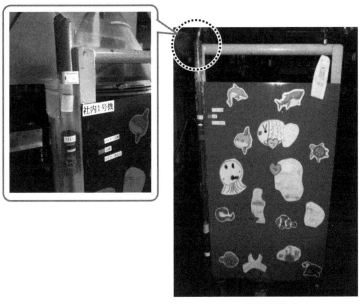

見える化台車

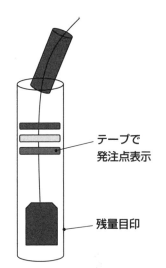

テープで
発注点表示

残量目印

容器内の溶接ワイヤーを使
用することで、目印が上昇
しひと目で残量が見えるよ
うになった

改善のメカニズム

釣り糸にマグネットを取り付け、容器内に張り付けて反対側に目印をつけた。

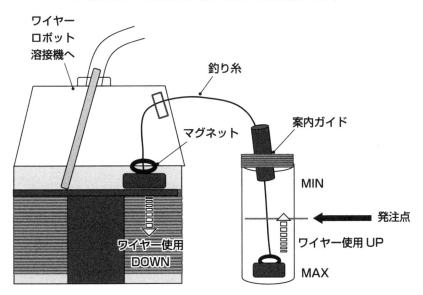

ワイヤー
ロボット
溶接機へ

釣り糸

マグネット

案内ガイド

MIN

発注点

ワイヤー使用 UP

ワイヤー使用
DOWN

MAX

苦労したこと

強過ぎず、弱過ぎないマグネットと釣り糸の
選定が大変だったことと、複雑にせずいかに
単純な機構にするかに悩まされた。

改善の効果

・在庫削減
・在庫スペースの削減

生産性向上・作業改善・作業改善

生産性向上・作業改善(搬送)

生産性向上・作業改善(治具)

工具改善

自社開発機器

安全改善

省エネ・環境改善

目て見る管理

72 廃棄時期の見える化と処理の軽減化！

作品名：持たずに測って捨てるンカー

からくり

滑車とリンクを使い、上下反転動作とセンサーを活用して入れ過ぎを防ぐ。

使った材料

アルミ中空フレーム、電子はかり、センサー、表示灯

制作者

㈱登米村田製作所
製造2課　高橋洋一

制作費用

10万円

改善の概要 & 問題点

　工程廃棄物の廃棄場所への処理で、発生量にバラツキが大きく、入り過ぎていた場合は計量や回収容器への処理に応援を呼ぶ必要があった（2人作業）。また、回収容器はハンドル位置が低くて移動に腰痛リスクがあるほか、廃棄物が25kg前後ある重筋作業などで大変な3K作業であった。

改善前

　工程廃棄物の処理作業で、以下に示すような悩みを抱えていた。

①作業者による廃棄処理→重量のバラツキ大
②廃棄容器を処理場所へ移動→腰痛リスク
③廃棄容器の重量を計測→2人作業（応援依頼）
④回収コンテナに捨てる→2人作業（応援依頼）
⑤空の廃棄容器を元の場所に戻す→腰痛リスク

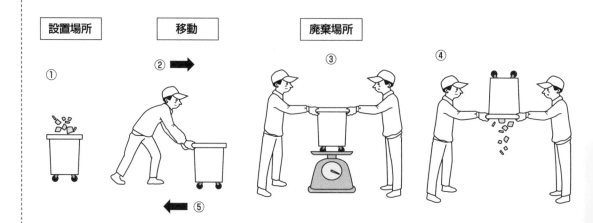

| 設置場所 | 移動 | 廃棄場所 |

①　②→　③　④
←⑤

生産性向上・作業改善（工程改善）

生産性向上・作業改善（搬送）

生産性向上・作業改善（治具）

工具改善

自社開発機器

安全改善

省エネ・環境改善

目で見る管理

改善後

処理のタイミングを見える化し、回収コンテナへ移動した後はハンドル操作で自動廃棄する台車を製作した。

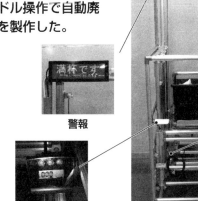

巻き上げハンドル

左ペダル

警報

右ペダル

計量器

改善のメカニズム

容器固定部にスプリングを使用し、重くなると容器が下がってスイッチが入り、警報が点灯する。自動廃棄は、巻き上げ軸が一定の高さに昇ると容器が前方にスライドし、徐々に自重で前方へ反転して行う。スプリングにより原点復帰する。

設置場所	移動	廃棄場所

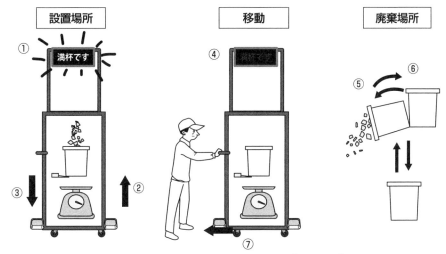

①廃棄物が一定重量になるとセンサーが反応して【満杯表示】点灯
②右ペダルを踏み計量器を上げ、重量を計測
③左ペダルを踏み計量器を下げる
④回収コンテナへ移動（ハンドルは楽な位置）
⑤巻き上げハンドルを回す。廃棄容器は上昇後に反転→回収コンテナに自動廃棄
⑥巻き上げハンドルのロックを解除→廃棄容器を下降
⑦空になった台車を元の場所に戻す

苦労したこと

約25kgある廃棄容器を左右均一に上昇させることと、廃棄容器の重量計測および廃棄容器の上昇と反転往復部分の機構が難しかった。

改善の効果

・重筋作業の解消
・移動時の腰痛リスク解消
・完全「1人作業」化の達成

金を掛けずに知恵を出す

からくり改善事例集 Part4

2020 年11月 27 日　初版第 1 刷発行

© 編　者　公益社団法人日本プラントメンテナンス協会
発行者　井水　治博
発行所　日刊工業新聞社
　　　　〒103-8548　東京都中央区日本橋小網町14-1
　　　　電　話　03-5644-7490　（書籍編集部）
　　　　　　　　03-5644-7410　（販売・管理部）
　　　　ＦＡＸ　03-5644-7400
　　　　振替口座　00190-2-186076
　　　　URL　https://pub.nikkan.co.jp/
　　　　e-mail　info@media.nikkan.co.jp
印刷・製本　新日本印刷
（定価はカバーに表示してあります）
万一乱丁、落丁などの不良品がございましたらお取り替えいたします。
ISBN978-4-526-08096-8
NDC509.6
カバーデザイン　志岐デザイン事務所
2020 Printed in Japan